趣味传播定律

丁时照 著

中国教育出版传媒集团
高等教育出版社·北京

作者简介

　　丁时照，湖北黄冈麻城人，毕业于复旦大学新闻系，高级记者，深圳报业集团党组书记、社长，国务院特殊津贴获得者，全国宣文系统文化名家和"四个一批"专家，深圳市关爱办主任，深圳市记协主席，广东省新闻职称高评委、广东省及深圳市好新闻评委、广东省及深圳市作协会员，第七届深圳市委委员。兼任香港商报社长、香港经济导报社长、深圳文博会公司董事长。中国新闻奖获得者，同时获得广东新闻最高奖——"金枪奖"、深圳公益最高奖——鹏城慈善奖。

内容简介

定律是科学上对某种客观规律的概括，新闻定律则是对新闻客观规律的概括，之所以加上"趣味"二字，是因为这些定律不存在于教科书中，有的甚至具有颠覆性，如果不掌控好，则影响我们的工作。它们是传播实践中的"黑天鹅"和"灰犀牛"。作者敏锐抓住传播工作中的关键，总结出80个独特而新颖的新闻定律，涵盖采访、编辑、媒体融合、经营创新、职业修炼等领域，既有知识性，更具趣味性。

如果说"严肃定律"是对新闻工作的正面言说，那么"趣味定律"则是对新闻工作的反面提醒。有上帝就有魔鬼，有正史就有野史，有学堂教育也有社会教育。本书作者对新闻工作中存在的现象进行收集和整理，从新闻采编、舆情应对、媒体转型融合、媒体人成长四个角度展开，以历史典故切入，用讲故事的方式娓娓道来，加以理性的思考，总结出新闻传播的本质与规律，希望高校师生、新闻工作者、新媒体从业者和政府、企业公共关系工作者在实践中逮住这些"魔鬼"，使认识更进一步，使实践更具理性，使理论更具高度，使高度更具温度。

目录

目录

定律原来可以这样读

丁时照

科技创新和成果转化存在两个"一公里"。

源头上，基础研究是创新的"最先一公里"；市场上，科技成果转化是应用的"最后一公里"。

从0到1是"最先一公里"，从1到N是"最后一公里"。

有人说，从0到1很难。有人说，从1到N很难。

其实，两个"一公里"是两道鸿沟。跨越鸿沟，从此岸到彼岸，都难。

实证来看，迄今为止，还没有一个基础研究落后的国家成为科技强国，也没有一个科技成果应用落后的国家成为经济强国，更没有一个不重视科研和应用的国家成为文化强国。

新闻传播属于社会科学范畴。既然是科学，同样存在两个"一公里"现象。

创新是一连串事件组成的复杂过程，源头是基础研究，基础研究的成果或产品是定理或定律。

定律是对某种客观规律的概括，反映事物在一定条件下发生一定变化过程的必然关系。

传播定律则是对传播客观规律的概括，它体现传播工作在一定环境中的必然关系。

之所以加上"趣味"二字，是因为这些定律不存在于教科书中，有的甚至具有颠覆性，如果掌控不好，则影响我们的实践，也影响我们的研究。

在悠长的职业生涯中，通过对传播工作中存在的现象进行收集整理和提纯萃取，总结出 80 个不一样的传播定律，涵盖采访、编辑、媒体融合、经营创新、职业修炼等领域，既有知识性，也具趣味性。

"趣味传播定律"更像是"新闻魔鬼定律"，它们是传播实践中的"黑天鹅""灰犀牛"，是从 0 到 1、从 1 到 N 的关键节点。

如果说"严肃定律"是对传播工作的正面言说，那么"趣味定律"则是对传播工作的反面提醒。

有正史就有野史，有学堂教育也有社会教育，有严肃就有趣味。

将这些定律横陈于前，希望高校师生、传播从业者、新闻爱好者、政府企业公共关系人员在工作中逮住这些"魔鬼"，进而超越束缚，使认识更进一步，使实践更具理性，使理论更具高度，使高度更具温度。

很多故事里暗藏机关，作者的任务是找到它。

因此，在写作时，一个故事总结出一个新闻定律。

在风格上，力争文字简洁，生动活泼，语言幽默，读来不闷。

在特色上，既有历史掌故，更有新闻知识，二者融合一体，让传统与现代相映成趣。

所配4幅原创插图，出自名家龙二先生之手，与内容契合，图文互义。龙二先生画风凛冽，构图独特，嬉笑怒骂皆在画中。这些画作小品，如投枪似匕首，经常划破实相，凿破壁垒，让曙光和冷水扑人头面，有喜有惧，让人看到熟悉之外的不同。

希望像学者一样思考——冷峻，像记者一样行动——快捷，像读者一样要求——好看。

企望能从书中，听得到炮声，闻得着硝烟，看得见战场。

之前，将"趣味传播定律"的想法求教于同行，大家鼓励我快马加鞭，因此，骑上了此马。没有大家的鞭策，这马可能骑成瞎马，也可能骑成了牛，甚至蜗牛，好在今已成形，但不敢马放南山，今后一定不断增益补足。我深信，路遥知马力，日久见勤力。

先期和高校新闻学院的师生进行过多次交流试读，也在政府、企事业单位进行了众多的专题讲座。如今付梓，惶恐不已，最担心"画眉深浅入时无"。

姑妄言之，姑妄听之，或许有所启发。

《我有明珠一颗》 龙二／绘

辑一　采编是个圈

破镜重圆定律

　　乐昌公主陈贞是南朝后主陈叔宝的大妹子，才色冠绝。她虽生长在帝王之家，却没有金枝玉叶的骄横，在宫中以性情温婉贤淑而为人称道。她的丈夫徐德言是江南才子，二人感情笃深。

　　当时，隋文帝杨坚雄心勃发，有志一统中国，因此举兵向南，饮马长江。德言知夫妻不相保，谓其妻曰："以君之才容，国亡必入权豪之家，斯永绝矣。傥情缘未断，犹冀相见，宜有以信之。"于是，乐昌公主就将一面铜镜摔破，各执其半，约定：以后每年的正月十五，就会有人在长安都市上沿街叫卖半面铜镜，你就在这天来找我。

　　陈国破亡之后，乐昌公主被赐给丞相杨素做妾。徐德言流离辛苦三年之后来到长安，就按照约定的日子访于都市，见到一个老仆人在卖半面铜镜，喊价高得离谱，人皆笑之。德言将其引至居所，设食，具言其故，出半镜以合之。乐昌公主得到丈夫的消息，涕泣不食。杨素知道情况之后，怆然改容，即召德言，还其妻，并厚遗之。乐昌公主遂与德言归江南，竟以终老。

破镜重圆定律——

新闻事实是面破碎的镜子，每个人手里都拿着一块

干新闻，不采访，那叫编辑。只要是记者，就没有不采访的。对于记者来说，采访是第一位，写作排其后，就像对于新闻来说，事实第一位，新闻排第二。天下记者无数，真正明白采访三昧的，应该有数。

采访是啥？是收集事实，寻访真相。新闻的发生如同炸弹的爆炸，碎片散落四处，是一面破裂的镜子。记者的工作，就是通过辛勤地采访，将散落的事实收集起来，还原事实的本来面目，将完整的真相呈现给读者。

所谓的客观公正只是人们对新闻的一厢情愿，所有的新闻都有倾向性，分别在于有的明显，有的隐蔽。一般情况下，记者不是事件的亲历者，他通过采访得来的东西，往往是第二手、第三手的资料，存在着信息的损耗和流变，渗入了当事人的个人观点，就像重圆的镜子偏光折射。特殊情况下，记者亲历了事件的全过程，或因采访被人打破脑袋而成为主角，这样的"身入"也不能保证记者采访的东西更加客观公正，只能是看起来更加客观公正。因此，郭超人说："记者笔下有财产万千，记者笔下有毁誉忠奸，记者笔下有是非曲直，记者笔下有人命关天"。毛泽东说："纤笔一支谁与似？三千毛瑟精兵。"得无慎乎！

写作只是让镜子复圆的过程，最关键的还是找镜子。如果缺了一块，变形走样是一定的。因此，多方求证，反复核实，提倡多信源，反对单声道就成为新闻人的操典。悲哀的是，越是强调的，越是被忽视的。越是提倡的，越是缺乏的。重拼凑轻寻找，重写作轻采访，乃为当下传媒界之一病，而且病得不轻。

在现实中，采写的排序经常给弄颠倒了。记者喜欢参加活动，有通稿。也对网络偏爱有加，不管网上的材料是第N手还是虚假的，拿来就用，省心省力，乐此不疲。那首描写记者工作和生活状态的歌诗成为经典"背影"，留在了记忆深处：

城里走，乡里走，山里走；握纤手，握绵手，握茧手；风也受，雨也受，气也受。有道是：名不求，利不求，官不求；伐恶效狮吼，逢善魂相就，图一个天无垢，地无垢，心无垢。

现在，记者的设备与时代空前同步，武装到了牙齿，移动设备可以让记者超越时空的阻隔，永远在线。交通和通信工具的配备，是让记者走得更远，更快到达现场，更及时传回报道，把采集新闻的网眼编织得更密实，可是，现实不如人意。设备的现代化代替了古老的现场采访，老记小记们转而全靠网络的搜索和拷贝，网络化生存对记者来说有褒有贬。你看见我的时候，我和新闻在纸上，你看不见我的时候，我和新闻在路上，也有可能在网络上。

当我们放下笔记本的时候，就将对新闻事业的热爱与执着一同丢下；当我们拿起电脑的时候，我们拥有了虚拟世界的一切快捷便利，除了前辈先贤深入实际的工作方法。有的技能要增加，有的传统不能丢。

天下夫妻无数，貌合神离的不少。镜子看起来是圆的，其实裂痕无数。

岂止夫妻。

郑谷定律

你知道郑谷吗？人们叫他"郑鹧鸪"，但他更为人推重的，还是"一字师"。

有年冬天，一场大雪过后，天气奇寒，树木在冷风中摇摇欲折。眼前的景色惊呆早起的僧人齐己：雪中，腊梅初开！素裹的大地衬托花朵的艳丽，梅红雪白，风送幽香，有鸟飞过，万物妩媚。诗情奔涌的他写下一首《早梅》。

齐己将此诗求教于诗友郑谷。诗中有一联："前村深雪里，昨夜数枝开。"郑谷看后说："数枝"非"早"也，未若"一枝"佳。齐己深为佩服，"不觉下拜"，称郑谷为"一字师"。从此，郑谷"一字师"的盛名便传扬开来。

此事发生在晚唐时期，有关史籍也有记载。

郑谷定律——

一字而成师，最好当编辑

经过惨痛的历史教训和长久的业务积累，编辑出版界逐渐确立了一套行之有效的编辑流程：三审三校。

三审三校是现代编辑制度的基石之一，是出版工作的核心流程，即初审（一审）、复审（二审）、终审，一校、二校、三校六个环节，此外还有一个"通读"环节。在全流程中，还可以两人一组，一人读一人校，是为"唱校"。

纸笔墨砚时代，编校人员在工作时有一套独特的"颜色话语体系"。初审一般用红笔，用标准校对符号对原稿进行修改。复审一般用蓝笔，在初审稿件基础上进行再修改。终审一般用绿笔，在前两次基础上一锤定音。

三审三校如自来水过滤成为饮用水，是逐次逐级减少差错的体系。其中校对更多的是检查三审过程中发现的问题是否在校样中都修改过来了，俗称"核红或者消红"。

三审三校是建立在编辑工作基础之上的，编辑是基础，是对稿件的第一道加工和处理，这是狭义的编辑。广义的编辑还包括"三审"，核心要义就是"把关"。

编辑是和错误过不去的工作，需要把好"四关"：政治关、法律关、专业关、文字关。有人问，在新闻单位，记者重要还是编辑重要？都重要。那么，记者和编辑谁大？本来业务工作无大小，非要论高低，从把关的角度来看，编辑大。因为新闻单位有"总编辑"，没有"总记者"。

编辑还是一项给稿件增光添彩的工作，能让灰姑娘变成万人艳羡的娇公主。有的稿件，语言拖沓，文气偏弱，经编辑改换一个字，就更为完美。诗有诗眼，文有文眼，新闻有新闻眼，"一字师"有时就是点睛人。

"出为名相，处为名贤"的北宋范仲淹也有自己的"一字师"。他在浙江桐庐做太守时，给东汉隐士严子陵建造祠堂，亲自为记，文中有一首赞颂严子陵的诗："云山苍苍，江水泱泱，先生之德，山高水长。"范仲淹把它给友人李泰伯看。李泰伯说："云山""江水"等词，从内容上说，很宏伟；从用语上说，极有气派，而下面用一个"德"字接它，似乎局促，换个"风"字怎么样？范仲淹一听："云山苍苍，江水泱泱，先生之风，山高水长。"果然格调高标，正气充盈。范仲淹"凝坐颔首，殆欲下拜。"

郑谷是唐末著名诗人，曾经写过一首《鹧鸪》诗，广为流传，因此被称为"郑鹧鸪"。余读郑谷诗，基本没印象。所以，如果郑谷生活在现在，最好不要做记者。但他一字而成师，堪为好编辑。

六祖定律

　　五祖弘忍在还没有付衣传法之时，曾召集门徒各作一偈颂，以察看弟子修行的深浅及开悟的程度，并从中找出继承人。

　　当时神秀是本寺的首座和尚，又是众和尚的教授师，无法推辞，遂作一偈："身似菩提树，心如明镜台。时时勤拂拭，勿使惹尘埃。"但未获五祖首肯。

　　惠能本是庙里一个目不识丁的劈柴踏碓杂夫，他口诵一偈，请人帮忙题于壁上："菩提本无树，明镜亦非台。本来无一物，何处惹尘埃。"此颂一出，便得到了弘忍大师的印可，并马上传与衣法，成为禅宗六祖。

六祖定律——

越往空里说，越显得有水平

以传媒角色来看，如果说神秀是本报记者，惠能则是本报评论员。

何则？神秀认为人身如一棵菩提树，人心就像一面明亮的镜台，"净土只往心中寻，红尘正是修行处"，很具象。而惠能则说，本来什么东西都没有，又从哪儿去沾染尘埃？无一物中无尽藏，蕉心剥尽，直指人心，很抽象。形而下者谓之器，形而上者谓之道。神秀说事实，惠能讲道理，新闻报道和新闻评论，亦为如是观。

对于媒体来说，新闻报道是主体、是基础，新闻评论是旗帜、是灵魂。就报纸而言，它的目的不是仅计出售的份数，就新媒体而言，也不是仅仅为了点击量，而是为了传播好的观念。这个观念，一靠事实无声地诉说，二靠评论这位新闻前线的智者宏论滔滔。

重视评论已经成为现代媒体的一个显著特征。我们处在一个变动不居的年代，人心烦躁焦虑，行为混乱失序。评论就瞄准事件的开头之时、卡壳之间、十字路口、议论声中发言，可是，本应高屋建瓴，却常常识见平庸。在写评论的时候还端着个评论员的架子，大量主题雷同、观点相似的评论当道。更有居高临下、发号施令的，还有满纸大话、空话、套话的。文风的不实，反映了个性的不完善；观点的相似，折射了思想的僵化。

人们调侃："你的见识平庸得可以做社论"。结果导致眼睛只要看到"楷体文"，就自然跳开不读。真是憎恶和尚恨及袈裟，这对报纸是一种深深的伤害。经济上的痛苦指数是由失业率和通胀率构成，读者的痛苦指数则是由楷体字组成。

刘勰在《文心雕龙》里说"穷于有数，究于无形"。有数是具体事务，无形是抽象道理。概括并非干瘪，抽象不是空洞。这一点上，评论应该学习惠能好榜样。

禅宗南宗是由这个卖柴出身、不识字的修行者在广东韶关创立的。惠能开创了中国佛教中最具中国气派、最有活泼生机的一个流派——南宗禅。正应了六祖自己说的"下下人有上上智"，惠能所言，通脱简约，明白晓畅，直接体认本真。千载以下，无论识与不识，解与不解，都知是好言语。真佛只讲家常话，惠能是也。

写评论也是觉悟众生，大了空了，装腔作势，吓人也拒绝人。这就是只学了个皮毛，继承了衣钵，未得其真神。过去有教训，现在有误区，都历历在目。关键是要心动，然后付诸行动。

应该承认，学惠能不容易，需要天分。我们都是普通人，在"南能北秀"中，倒是神秀的法子更方便使上功夫。振叶以寻根，观澜而索源，毕竟有路径可寻，比灵光一闪的开悟要实在。惠能侧重于顿悟，神秀侧重于渐修，法门不同，但殊途同归，皆能圆成佛道！

阿弥陀佛！

颜驷定律

班固在《汉武故事》记载了这么一件事：

上（汉武帝）尝辇至郎署，见一老翁，须鬓皓白，衣服不整。

上问曰："公何时为郎，何其老也？"

对曰："臣姓颜名驷，江都人也，以文帝时为郎。"

上问曰："何其老而不遇也？"

驷曰："文帝好文而臣好武，景帝好老而臣尚少，陛下好少而臣已老，是以三世不遇。故老于郎署。"

上感其言，擢拜会稽都尉。

颜驷定律——

没有政治敏感，迟早要付代价

提起政治，或许太严肃，或许太复杂，等到明白政治真的很重要的时候，大约已经人到中年，只能发出"郎潜白发"的悲叹，这是成熟的代价。

苏轼有诗云："白发郎潜旧使君，至今人道最能文。"没有政治敏感，越是会写东西越惹麻烦越添乱，坡翁自己就属于能写会道直肠子的那类，"乌台诗案"让老先生体会到了人心的阴冷。在先朝旧代，能文者经常无意触碰到君主的痛处而惨遭文字狱。中国历史上文字狱以明清两朝最烈，清人龚自珍《咏史》诗云："避席畏闻文字狱，著书都为稻粱谋"。其实，如果没有政治敏感，著书不仅谋不来稻粱，很有可能谋掉了项上人头。

在当代，不用担心文字狱，倒要注意文字祸。1996 年，江泽民在视察人民日报社时提出了舆论导向的"福祸论"：舆论导向正确，是党和人民之福；舆论导向错误，是党和人民之祸。12 年后，胡锦涛在人民日报社考察时提出了"利误论"："舆论引导正确，利党利国利民；舆论引导错误，误党误国误民。"习近平总书记高度重视新闻工作。他指出，党的新闻舆论工作是党的一项重要工作，是治国理政、定国安邦的大事。做好党的新闻舆论工作，事关旗帜和道路，事关贯彻落实党的理论和路线方针政策，事关顺利推进党和国家各项事业，事关全党全国各族人民凝聚力和向心力，事关党和国家前途命运。

新闻工作是政治性极强的工作，记者不是单纯的"写稿匠"，而是要以一个政治家的眼光和态度去认识事物，并从中开掘出能够化解社会矛盾、促进人类进步的"珍宝"，达到这个境界就离不开新闻敏感的修炼。政治敏锐是记者的生命，是记者的职业灵魂。不仅关系到新闻工作的成败，更是衡量一个优秀新闻工作者的标尺。

对于新闻单位的领导来说，政治敏锐更重要。新闻单位负责人政治上不敏锐迟早要犯错误。一个政治上不敏锐的领导不是一个成熟的领导。当新闻官，首要的是能够把握方向，如果方向错了，锦绣文章最好烂在肚子里。

颜驷三世得不到重用，大半生无法出人头地，教训非常深刻。幸好他到老开了窍，开始敏感起来。他利用自己在"机关"工作、能出现在领导视野里的宝贵机遇，抓住皇帝问话的机会善发牢骚、巧提诉求，汉武帝动了恻隐之心，最后给了个"安慰官"，提拔颜驷当了会稽都尉，相当于现在的武警大队长。历史上和颜驷差不多的也有一个人，叫冯唐。但是，冯唐没有颜驷幸运，左思在《咏史》中说："冯公岂不伟，白首不见招"。冯唐也是吃了政治敏锐性不强的亏。

我们提出要增强政治敏锐，不是为了当官而是为了把关。把不好关，迟早要付出代价。

啥都可以错，政治不能错；啥都可以缺，心眼不能缺。

无字经定律

《西游记》里，传经的情节婉转曲折，很有所指。

阿傩、伽叶"索贿"不成，又禁不住孙悟空一顿大闹，就让他们四人"到这边来接着经"。八戒、沙僧耐住了性子，将经书一卷卷收在包里，驮在马上，又捆了两担，拜谢下山。

却说那宝阁上有一尊燃灯古佛，暗暗地听着那传经之事，心中甚明。就吩咐白雄尊者："你可作起神威，飞星赶上唐僧，把那无字之经夺了，教他再来求取有字真经。"白雄尊者即驾狂风，夺了马背上的经卷，撕碎经包，抛落尘埃。沙僧接了散经，打开看时，原来雪白，并无半点字迹，慌忙递与唐僧道："师父，这一卷没字。"行者又打开一卷看时，也无字。八戒打开一卷，也无字。

唐僧叫："通通打开来看看。"卷卷俱是白纸。

　　唐僧短叹长吁："我东土人果是没福！似这般无字的空本，取去何用？怎么敢见唐王！诳君之罪，诚不容诛也！"四众急急回山，转上雷音寺告状。佛祖笑道："你如今空手来取，是以传了白本。白本者，乃无字真经，倒也是好的。"即叫："阿傩、迦叶，快将有字的真经，每部中各捡几卷与他，来此报数。"

无字经定律——

无声处有惊雷，无字处有真经

从学习的角度看，一个人要成器，万里路、万卷书缺一不可。从采访的角度而言，一篇成功的作品，有字的材料、无言的观察必不可少。

采访、写作和编辑，是非常个体化的工作。有时为了一个重点报道，单位会组织精兵强将参与写作组，看起来是头脑风暴、集体打磨，其实，还是靠个体的能力。写作不是打群架，人再多，主笔就一个。

采访和写作，采访是第一性，写作往后排。

新闻采写的实质是调查研究和观察思考，需要通过扎实的采访来获取大量事实和细节。新闻界有句行话叫"七分采访，三分写作"，采访是记者的基本功。有的记者，不是不勤奋，整天在基层，也很辛苦，但入宝山而空手归，这就是眼光不到位。同样是采访，经验老到的记者，满眼都是新闻，撸草打兔子，一鸡多切，一鱼三吃，效率奇高。

宣传干部"需要在理论上、笔头上、口才上或其他专长上有'几把刷子'，真正成为让人信服的行家里手"，这"几把刷子"来源于不断增强的脚力、眼力、脑力和笔力。

脚力就是深入基层、深入生活、深入群众，积极主动调研、认真采访的能力，脚力关乎作风。眼力是善于明辨是非、

无字经定律

捕捉亮点、抓住根本的能力，眼力看是否识货。脑力是勤思考、善思考并做出准确分析、判断的能力。笔力就是写得好、说得好、唱得好、演得好的能力。

这"四力"环环相扣、密不可分。没有好脚力，其他的就是无源之水、无本之木；没有好眼力，脑和笔就没有用武之地；没有好脑力就浪费了好脚力、好眼力；好笔力是"四力"最重要的直观体现，出不了好活，都会白辛苦一场。

"与有肝胆人共事，从无字句处读书。"是中学时代周恩来写的自勉联。肝胆皆冰雪的人值得信赖，无字句处有真经，书不尽言，言不尽意，只可悠然心会，妙处难与君说。

释迦牟尼在灵山会上，拈花示众。是时众皆默然，唯迦叶破颜微笑，"拈花一笑"开启了禅宗以心传心的法门。禅宗是中国化的佛教，不立文字，教外别传，直指人心，见性成佛。其实有字无字都是真经，无字的用来自己开悟，有字的用来启发众生。

新闻工作者要读"有字书"和"无字书"，前一本书让你有所遵循，后一本书让你有所发现。有字的，融入内心，化为无字；无字的，打磨成文，成为有字。二者，一体两面，互不分离。

奶牛定律

奶牛为什么会产奶？

因为它生小牛了。

奶牛为什么会生小牛？

因为它怀孕了。

奶牛为什么会怀孕？

因为它被人工授精了。

奶牛为什么会不断地产奶？

因为它不断地生小牛。

奶牛为什么会不断地生小牛？

因为它不断地怀孕。

奶牛为什么会不断地怀孕？

奶牛定律

因为它不断地被人工授精。

乳汁流水线上的奶牛，可能一辈子都没见过公牛，却不停地生小牛，不停地被挤奶。

奶牛定律——

入了记者门，生产不能停

鲁迅先生说他好像是一头牛，吃的是草，挤出的是奶。

在"出奶"这点上，记者像极了奶牛。报纸天天出，广播电视天天演，客户端 24 小时在线，在稿件流水线上，记者就是"新闻奶牛"。

做奶牛不容易，做"新闻奶牛"更不容易。记者们给自己编的段子："睡得比狗晚，起得比鸡早"，"女生当男生用，男生当畜生用"，笑中有泪，乐中有哀。

在现有的新闻制度安排上，各新闻单位都不约而同地对记者实行以数量为主、以质量为辅的考核方式。它的设计思维是：新闻总版量÷写稿记者总数＝记者工作量。传统媒体如此，网络媒体亦然。

传统媒体记者的工作量都不一样，基本上是两种：字数考核和条数考核。字数的任务一般是一个月一万字左右。完成了，才有基本的奖金收入，没有完成，只有底薪。连续几个月完不成，下岗。

记者头上悬着一把时刻都会落下来的刀，每天操心采访写稿。进入新闻这一行，就穿上了红舞鞋，无法停止采写的舞蹈。有记者说，天天要采访写稿，写到最后连死的想法都有了。

其实，记者写稿与奶牛怀孕有得一拼。都要孕育，都要生产，都需要时间，也都有个顺产、难产、流产的时候。写得顺手，一次性通过，那是顺产；弄了一通宵，一个字都没写成，那叫难产；历尽千辛万苦写完后，稿件给毙了，那叫流产。记者和奶牛一样，都要一胎接着一胎，只有一天的成功，没有成功的一天；记者和奶牛也不同，不管你肚子里有没有货，到时候必须生出个娃来，而且想要啥就要给他生个啥，啥时候要就啥时候生，一刻也不能耽误。因此新闻界流传着这么一句话："伤脑筋，少睡觉；省媳妇，费灯泡；喝白水，撒黄尿，一晚上写了篇大稿，交上去就给毙了。"

在现有的考核制度约束下，记者每个月码出万儿八千的字数，只是在生死线上徘徊。要想多得，必须多劳。有的记者每年见报五六十万字，如此高的"产奶量"，一定会让长眠九泉的历朝历代的老记们睡不踏实：这些"奶"是怎么产出来的？读者喝这些"奶"，会不会产出小石头来？

不管怎样，看着这些"写稿王"的战绩，版面编辑会有一种安慰；记者写稿就像小母牛的奶，只要你用力挤一挤，总会有的。

07

邹忌定律

　　邹忌修八尺有余，而形貌昳丽。朝服衣冠，窥镜，谓其妻曰："我孰与城北徐公美？"其妻曰："君美甚，徐公何能及君也！"城北徐公，齐国之美丽者也。

　　忌不自信，而复问其妾曰："吾孰与徐公美？"妾曰："徐公何能及君也？"

　　旦日，客从外来，与座谈，问之："吾与徐公孰美？"客曰："徐公不若君之美也！"

　　明日，徐公来，孰视之，自以为不如；窥镜而自视，又弗如远甚。

邹忌定律——

听到的都是好话，看到的就不一定

　　面对记者，被采访对象各有各的目的和诉求，记者对采访对象亦有自己的偏好和需要。

　　在经济学的假设中，人都是理性的，人们采取一项行动都要在心里先盘算一下值不值。因此，在接受记者采访的时候，人们都会先考虑说还是不说，说什么或者不说什么。记者在采访完一个人之后，也有自己的结论，这个人会谈情况或者不会谈情况。所谓的"会不会"，其实就是被采访人说出的情况对完成采访任务是否有较大帮助。

　　采访与被采访，其中满是陷阱。稍不注意，就会掉到对方的"坑"里。从整体上来看，记者不是当事人，掌握的情况总不如当事人多。因此，在这种信息极端不对称的情况下，记者掉"坑"里的时候占多数。

　　一些部门和单位为了某一件事举行新闻发布会，一些企业向社会推出新品举办的推荐会，由于信源单一，极难求证，记者和公众很容易"中招"。

　　有一次，某省文物管理部门召开新闻发布会，提供的材料称，该部门经过千辛万苦，已全部追回近几年丢失的100多件珍贵文物，为此付出了大量人力、财力、物力，避免了重大损失。当地几十家媒体陆续刊发了这条消息，唯独新华社一名记者迟迟没有下笔。他越想越疑惑：追回的前提是丢失；如果管理严密，没有丢失，就毋需如此劳民伤财去追回；那么今天这一事实的背后是否预示着该部门管理混乱，漏洞百出呢？问题的火花一闪而过，他立即抓住不放，着手调查采访。果然，实际情况如他所预料：仓库铁锁锈迹斑斑；气窗没有护栏，形同虚设；珍贵字画被虫蛀、鼠咬，布满蜘蛛网……半个月后，一组三篇反映该部门严重管理问题的报道刊发，引起轰动。

这个"弗如远甚"是一个典型的邹忌定律的例子。邹忌窥镜自视后发现不是那么回事，暮寝而思之，他想明白了。"吾妻之美我者，私我也；妾之美我者，畏我也；客之美我者，欲有求于我也。"这些人原因各不相同，但表现却惊人的一致。如果邹忌不望闻问切，不进行多方印证，最后只能是盲目自信，这丑就丢大了。

从"邹忌 PK 徐公"事件可以看出，邹忌不是糊涂蛋，知道自己几斤几两。可是记者却不一定，有的记者是真糊涂假天真，大部分记者则是假糊涂真偷懒。毕竟，多方求证，费时费力，远不如你一个人说、我一个人记来得省事。

08

徐娘定律

梁元帝萧绎有个王妃叫徐昭佩，她是前齐太尉的孙女、梁朝将军徐琨的女儿。她在萧绎还是湘东王时，就嫁了过来。

《南史》上说"妃无容质，不见礼。"也就是评价不甚高，用现代的话说是无遮无拦，率性而为。她一直得不到元帝的宠爱。步入中年后，她与皇帝身边年轻英俊的臣子暨季江有染。

一次，有人问暨季江和年长的徐妃相恋是何滋味，暨季江答道："柏直狗虽老犹能猎，萧溧阳马虽老犹骏，徐娘虽老犹尚多情。"

徐娘定律——

权威人士有时也不怎么样

越是了解真相的人，越具有权威性。人们对于真相的需求，是媒体得以存在的理由。纠结的是，人掌握秘密越多，越不肯轻易说出来。即使不得已要公开发布，也只略说一二，常藏八九，或者歪理邪说。

试看今日之网络，竟是"专家"之天下。权威发布、专家评点是时下媒体的不二套路。本来这也无可厚非，专家嘛，就是在某些领域中研究比较深入、资信掌握得比普通人多的那一小撮人。一事当前，专家出面，权威评说，宏论滔滔，有时候真如醍醐灌顶，让人心明眼亮。

问题是，专家真的能说到点子上吗？真的能持平而论吗？

远点的，20世纪五六十年代，我国某著名专家说，经过科学论证，亩产万斤是完全可能的。近点的，我国某院士认为，如果地沟油要处理到没有异味，需要投入很大成本，回到餐桌上是不可能的。他说："一些引起热议的食品安全话题都有杜撰成分"。

事实无情。一起又一起食品安全案早已证明，一些引起热议的食品安全话题绝不是"杜撰"。

如今，但凡社会事件成为热点，总有专家出来说话，有的专家的话很不靠谱。"中国城市污染不是由汽车造成的，而是由自行车造成的。""税收起征点太高就剥夺了低收入者作为纳税人的荣誉"……听听这些言论,你可能会把这些专家称为"砖家",挨多少板砖都不嫌多的家伙。

一位专家在襄阳诸葛亮文化旅游节上大胆建言,效仿云南香格里拉,将城市名称改为"诸葛亮市"。有人热评说,你襄樊改诸葛亮市,他亳州也可以改曹操市,涿州岂不要改刘备市,解良改关羽市,正定改赵云市?此风一开,曲阜改孔子市,邹城改孟子市,鹿邑改老子市。

据外国专家研究考证,食草动物最容易打嗝放屁,羊打嗝牛放屁所产生的气体有可能破坏大气的臭氧层,造成臭氧空洞的进一步扩大。有网友说,改天科学家会证明人放屁污染更大,臭氧层不就是人放屁给蹦破的吗?

我们已经不经意间毁掉了"小姐",毁掉了"靓女",希望第三个被毁掉的词别是"专家"。

专家被毁,毁就毁在有私心存焉。或为名,或为利,或为人代言,媒体对此要有鉴别力,不要遇到什么专家都采访。有的专家,嘴里说一套,心里想一套。这点上,还比不上暨季江。暨季江虽然很猥琐,很不尊重,在评论徐昭佩时将她与犬马并论,但起码诚实。

徐昭佩是个敢作敢为的女子,得不到皇帝丈夫的爱,就自己追求。先是与智远道人私通,后与美少年暨季江相恋,最后又与美男子贺徽幽会。梁元帝萧绎最后逼令其自杀,还把她的尸体送还娘家,谓之"出妻"。仍觉不解恨,作《金楼子》述其淫行。

萧绎是个多才多艺的皇帝，虽然瞎了一只眼，但读书一目十行，著述甚丰，一年二十四番花信风的命名就是他确定下来的。不过，老婆偷人养汉，他还写书进行权威发布，似乎有点像现在的"专家"。唐人李商隐在《南朝》七绝诗中说："地险悠悠天险长，金陵王气应瑶光。休夸此地分天下，只得徐妃半面妆。"徐娘死于结婚的 32 年之后，死时大约还不到 50 岁，确实是一个风韵犹存的年纪。李商隐的权威诗评，没有爱怜，没有谴责，只有深深的叹息。这比我们报纸上的所谓专家者言，不知高明多少倍。

09

垓下歌定律

项王军壁垓下，汉军围之数重，四面皆楚歌。项王夜饮帐中，自作诗一首，慷慨悲歌：

力拔山兮气盖世，时不利兮骓不逝。

骓不逝兮可奈何，虞兮虞兮奈若何？

项王连唱多遍，虞美人应和着歌声起舞。项王的眼泪不断地往下淌，左右皆泣，莫能仰视。

司马迁真是巨匠。寥寥数语，画面感极强，两千多年以后读之，依然摧人心肝。尤其是这首《垓下歌》，朗朗上口，让人过目不忘，对于突出项王的悲剧英雄形象起到了非常关键的作用。

没有此歌,丝毫不影响对历史事件的描述。可是,如果没有此歌,项王只是败了而已。没有这首歌的声情并茂,西楚霸王的味道会淡很多。

埃下歌定律——

最是闲笔能提鲜，笔补造化代传神

　　司马迁是西汉时期的史学家，史学家换个说法就是"旧闻记者"。司马迁被誉为中国第一记者，而且是一个勤奋的记者。

　　他写的人物，如果当时还健在，就直接采访，如郭解、李广。他写的史实，不光从书本中收集资料，还访查古迹，采集传说逸闻。他的这些方法，用现在的话叫"田野调查"。从新闻角度看，无疑是采访。他要是当了记者，想来"走基层"是不用督促的。

　　然而，对于《埃下歌》的真实性，历代质疑声不断。最具代表性的，是清代学者周亮工在《尺牍新钞》中说：

　　"余独谓埃下是何等时？虞姬死而子弟散，匹马逃亡，身迷大泽，亦何暇更作歌诗！即有作，亦谁闻之而谁记之欤？吾谓此数语者，无论事之有无，应是太史公'笔补造化'，代为传神。"

　　"笔补造化"是雅说，通俗而言就是文学创作，是合理想象，纯属虚构。《埃下歌》作者到底是不是项羽？周亮工坚定地认为不是。作者是谁？是司马迁。

　　历代修史，"文学创作"的成分恐难避免，左丘明就干过。钱钟书认为："马（司马迁）善设身处地，代作喉舌。"鲁迅先生更是称《史记》为"史家之绝唱，无韵之离骚"，可能也有这层意思。

司马迁的虚构虽然符合逻辑，但是历史毕竟不是小说，不能"任人打扮"。两千多年前的孟子，有感于当时不少书中所载的史料失真，感慨不已："尽信书，则不如无书。"

作为"明日历史"的今日新闻，要求比收集散失的旧闻要更加严格，事实发生在当下，一切都还新鲜，断断不能因为懒散不到现场，更不可为了生动而添油加醋。无真情，诗不妄做。无真事，新闻不乱写。我们讲究无一字无来历，即使闲笔有大用，如果闲笔是虚构的，则果断说"不"。哪怕文字枯寂无绿意，哪怕通篇味同嚼蜡不可卒读，也不能为了文章的传神而添油加醋来提鲜。

10

晏婴定律

世上矮人千千万，他比较著名。

史载，晏婴身高不足六尺。春秋战国的一尺相当于现在的 23.1 厘米左右，也就是说，六尺大约是 138.6 厘米，不足 1.4 米。他属于智商、情商高于身高的那类。

晏子使楚。楚人的作风比较野，他们在晏子的身高上做文章。就在大门旁边挖一个小门，让晏子进入。晏子说："出使狗国才从狗门进；今天我出使楚国，不该进此门。"楚人只好从大门引晏子去见楚王。

楚王也霸蛮，问："齐国没有人吗？"晏子答："齐国张袂成荫，挥汗成雨，比肩继踵，怎能说齐国没人？"楚王："那为什么派你出使楚国？"晏子："齐国派使臣出访有自己的规矩，贤德的国君派贤者，无德的国君派不肖者。晏子最不肖，所以来楚国。"

楚王再生一计，让官吏捆绑一人来到宴会，告诉晏子，这是个齐人，犯了盗窃罪。楚王问晏子：齐国人很会偷东西吗？晏子答：橘生淮南则为橘，生于淮北则为枳。齐人生长在齐国没有盗窃，到了楚国却做了盗贼，莫非是楚国的水土让齐人善盗？

如果古代有辩论比赛，晏子肯定第一名。

晏婴定律——

块头虽小，能量很大

消息天生短小，通讯比较长大。就新闻文体而言，无论长短，和理论文章、政府工作报告相比，都短，也必须短。

唐代史学家刘知几在《史通·叙事》中说："夫国史之美者，以叙事为工；而叙事之工者，以简要为主。""文约而事丰，此述作之尤美者也"。文约而事丰，成为古代传记的重要审美标准。

现在人们时间金贵，做事、叙事、论事都飞快如风。长篇大论，啰里啰唆的东西很不招人待见。人人都知短文好，提起笔来就忘了。写短文的道理都明白，行动时却抛诸脑后。作为读者喜欢短文，成为作者喜欢长篇。这种知行不合一的乱象随处可见。

昨日的新闻，今日的历史。用短语写短文是古人写作的一条重要经验，也应该是记者的不二法门。史家之笔、作家之笔、记者之笔，三者相通。

在中国新闻史上，有许多重要意义的短篇报道，在当时产生过巨大影响，振波至今依然存在，而且还会继续影响下去。

新华社 1947 年 2 月 7 日播发的《共产党人刘胡兰慷慨就义》，全文 308 字。

1948 年 9 月 13 日播发的《优秀共产党员董存瑞舍身炸

毁敌坚固碉堡》，全文 868 字。

1949 年 4 月 22 日毛泽东为新华社写的《人民解放军百万大军横渡长江》，全文 562 字。

新华社 1952 年 11 月 12 日播发的《马特洛索夫式的英雄黄继光》，全文 640 字。

1952 年 12 月 3 日播发的《伟大的战士邱少云》，全文 980 字。

1978 年 11 月 15 日播发的《天安门事件完全是革命行动》，全文 239 字。

这些不足千字的新闻，能量巨大，气壮山河。

《史记》记载，晏子有次坐车外出，车夫的妻子从门缝里偷偷看她丈夫，发现丈夫神气十足。回家后，妻子坚决要求离婚。车夫问原因，妻子说，晏子身高不过 1.4 米，意念深沉，甘居人下。你身高 1.84 米，不过是他的车夫，看你的神态，洋洋得意，像长官，你这都是什么事嘛? 我要和你离婚。

晏子的风采不光折服时人，也让后人叹服。身材矮小的晏子，在司马迁眼里形象十分高大。司马迁说："假令晏子而在，余虽为之执鞭，所忻慕焉。"

正应了那句话："浓缩的都是精华"。

11

始祖感生定律

《史记》号称信史，但人们对其中一些内容一直质疑。宋人洪迈在《容斋随笔》里说："《史记》所纪帝王世次，最为不可考信。"

三皇五帝的来历，基本上都不合常识。综观《史记》的原文及索隐注释，发现几个帝王的降生非常奇异。

炎帝是因为其母出游，被神龙绕身感应而生炎帝。黄帝的母亲看见一道电光环绕着北斗七星第一星，那颗星掉落了下来，由此感应而怀孕。颛顼帝的母亲见瑶光如蜺贯月，感而生颛顼。舜帝的母亲看见天上的彩虹，感而生舜。

　　五帝以降，商周秦汉的始祖皆因感应而生。

　　商朝的祖先殷契是吞燕子蛋而生，周朝的祖先后稷是踩上巨人的脚印而生，秦朝的先祖也是从鸟蛋里生出来的，汉高祖刘邦，据说是龙与其母交合而生。

始祖感生定律——

社会新闻像传说，越不靠谱越喜欢

人之性也，喜新厌旧，喜奇厌平。盖新奇之事物，超出常识范围，能增广见闻，拓展认知边界，激发人们的共同兴趣，如社会新闻。

和政治新闻、经济新闻、文化新闻、科技新闻相比，社会新闻至今没有一个公认的定义。强为之界定，社会新闻就是不同形态的人性展示。举凡奇闻轶事、善行恶举、灾变异象都可囊括其中。

传统媒体对社会新闻一直评价不高，觉得社会新闻只是家长里短，发展到现在亦不过是警察抓小偷、人咬狗之类，等而下之，一地鸡毛。

世事难料之处就在于，过去的小跟班，如今成长为比自己还有力量的巨人，而且外带一股逼人的英伟之气。

在主流媒体里只是茶余饭后、聊以补白的社会新闻，在网络类媒体里被用来做主打，其报道规模之大、覆盖面之广，为有史以来之最。网络类媒体报道社会新闻不遗余力，不惜时间，以彻底的平民化、市场化为最高标准。如此剑走偏锋，也招来了一些人的诟病。有人说他们以"星、腥、性"为诱饵，满足人们的低级趣味。有的说他们很多的报道捕风捉影，以轰动社会为最高原则。事实是，都说社会新闻低俗，可偏偏看的人不分高低贵贱。

对某些德艺双馨的明星的报道，人们都会看上一眼。而有些"擦边球"的报道，则更是吸引人们去观看。至于那些很血腥的东西，读者自然也不会放过。如果故事离奇曲折，宛若神话，那么看的人更多。子曰："吾未见好德如好色者也。"有的东西是不会因为时间而改变的，孔夫子两千多年前的感慨，用到现在依旧适用。

香港女作家李碧华说过两句在正人君子看来很出位的话：快乐美满的人生：七成饱，三分醉，十足收成；过上等生活，付中等劳力，享下等欲望。虽然比较"神经话"，可还是被很多人认同。

《史记》所载始祖感生的故事，如果放到现在，你信吗？

生民之初，人性天真。不知其父，只知其母。流传过程中，移风易俗，有不得已的事，为尊者讳、为亲者讳、为贤者讳，编个谎，听的人也就信了。不仅信，还往复流传，到了西汉时期，连司马迁这样思维缜密的人，如此不靠谱的事，也照样搬进史书。其中，最不靠谱的是刘邦的降生："父曰太公，母曰刘媪。其先刘媪尝息大泽之陂，梦与神遇。是时雷电晦冥，太公往视，则见蛟龙於其上。已而有身，遂产高祖。"刘老太君在电闪雷鸣的野地里做梦已是奇迹。更离奇的是，他老爸赶去看，还真的看到有个东西在他老妈身上。我估计，是他老爸眼神不好，还没看清楚是谁，那人就一溜烟跑了。

唉！来路不正，总得找个理由。大人物嘛，基本上不是人造的。

12

精卫定律

　　"精卫填海"是中国远古神话中最为凄美的故事之一。

　　《山海经》上说，炎帝的小女儿名叫女娃。女娃游于东海，被波涛吞噬。她的灵魂化作精卫鸟。这只小鸟脑袋上有花纹，白色的尖嘴，红色的爪子，一刻不停地飞到西山去衔石子和枯枝扔进东海，要把大海填平，以免更多无辜的生命受到伤害。

　　后世之人常因女娃之死而叹息，更为精卫填海的执着而抛洒热泪。晋代诗人陶渊明在《读山海经·其十》中说："精卫衔微木，将以填沧海。刑天舞干戚，猛志固常在。"他把小小精卫鸟与顶天立地的巨人刑天相提并论，千百年来震撼人心。

精卫定律——

典型如果像神话，学起来就很困难

榜样的力量是无穷的。人人都有自己的榜样，有的榜样是我们同时代的人和事，有的则跨越时空，思接千古。榜样推动了中国历史的进步，也激励着个体走向崇高。现在说榜样的人少了，说偶像的人多了。榜样是用来追随的，偶像是用来崇拜的。现代人一方面信仰缺失，一方面盲目崇拜。树榜样的和造偶像的，应该互相学习。

典型报道是中国特色的新闻样式。说起典型，人们脑海中就会浮现刘胡兰、董存瑞、黄继光、邱少云、欧阳海、陈永贵、雷锋、邓稼先、陈景润、焦裕禄、任长霞、张秉贵、孔繁森等一大批英雄群像。典型的力量穿越时空，穿透人心，成为我们的价值记忆。

在当今价值多元的时代，虽然依旧采用典型引路的做法，但是，已经不能产生过去那种一夜之间传遍大江南北、长城内外的效果。典型报道的日渐式微，是个大问题。

典型不轰动，榜样不可学，一个基本的原因是"高大全"的阴魂仍未散去，关键点是不接地气，硬伤是有意无意地拔高。潜意识里认同的价值观是，典型就是榜样，榜样就是英雄，英雄就是"不食人间烟火"。不知不觉中，典型宣传滑入了神话创作的路子。离开现实的土壤，典型人物就高入云端，让人仰视。这样的典型，或许让人震撼，却无法让人行动。

看看女娃这个典型是怎么树起来的。首先有女娃被淹死的悲剧。一个小女孩落水而亡，对于家庭来说是大不幸。落水事件有普遍性，过去有，今后也难断绝，说不定就降落在哪个家庭。企望未成年人平安，这是所有人的愿望。这样一则落水的新闻，在都市报顶多发一个"豆腐块"。

事件接下来发生一个飞跃，女娃的一点灵魂跃入云端，化作一只小鸟。如果就此停笔，最多只属于村野之人的奇谈。

女娃化身的精卫鸟还有作为，她衔枝填海，这是这篇神话的精要所在。

华夏大地，海岸线虽然长，但是江河湖泊更多，死于江湖的人远多于海洋。如果要填，第一应该填的就是湖泊水塘，而且，精卫在初始传说中，真有可能填的是水塘。就淹死人的危害性来说，内陆之水祸害更大。问题是，江河湖泊具有两面性，它既能淹死人，更具有调洪行舟、抗旱保水的功能，利大于弊。如果填的是水塘，千百年来鸟儿不断衔枝，填满一口水塘是有可能的。于是，又来一个大飞跃。让一个小小的东西，填一个永远也填不满的大海。这样就悲壮起来了，就有了高度，上升到精神层面。精卫成为神，靠的是精神。

谁都知道，推广典型，主要是推广精神，现实中缺失的，就往精神层面里去找。赋予精卫鸟精神的，前有东晋陶渊明，后有明朝顾炎武。顾炎武《精卫·万事有不平》云："万事有不平，尔何空自苦；长将一寸身，衔木到终古？我愿平东海，身沉心不改。大海无平期，我心无绝时。"此诗最后还有一句：

"呜呼！君不见，西山衔木众鸟多，鹊来燕去自成窠！"芸芸众燕雀安知鸿鹄之志哉！有远志，又能身体力行，这不是常人能达到的境界。

类似的"典型"，中国有吴刚伐桂，西方有普罗米修斯，都声气相求，神韵一致。

有人说精卫的样子像乌鸦，精卫怎么会像乌鸦？说这话的人真是乌鸦嘴。

看看，这就有护神敬神的味道了，爱之者，不允许别人有丝毫的不恭。

13

崔信明定律

《旧唐书》曾记载这样一件事：

崔信明，山东青州人。博闻强记，下笔成章。他家世优渥，又是年少成名，再加上自身也确实有才气，因此恃才傲物，眼高于顶，很看不起别人，更看不起别人写的文章。

当时扬州录事参军郑世翼，也是世家子弟，也是年纪轻轻就有才名，也是性格倨傲，恃才忤物，桀骜不驯，总是与人不合，时常让人下不来台。

有一日，这两人驾着小舟江上相遇。郑世翼客气地说，久闻你的名句"枫落吴江冷"，却从未见过全篇，你能让我拜读拜读吗？崔信明闻言大喜，把身边历年积存的一百多篇诗稿，全部奉上。郑世翼先看索要的那首，摇摇头。再翻看其余的，表情变得越来越不耐烦，还没翻完就撇嘴说：真是"所见不逮所闻"啊！随手就把那沓诗稿扔进水中，然后引舟扬长而去。

崔信明眼巴巴看着平生心血，付诸东流。欲救无法，欲哭无泪。

最后，只有那句"枫落吴江冷"流传至今。宋人杨万里在《题山庄小集》中就曾叹道："向来枫落吴江冷，一句能销万古愁。"

崔信明定律——

有故事的内容传得更久远

新闻是事实，报道是故事。讲故事是新闻记者的基本功，讲好中国故事是国家的总体要求。主流媒体的痛点、堵点、难点是不会讲故事。无故事，不传播；无故事，是事故。

当前，主流新闻报道存在不好看、不耐看的问题，也有语言干瘪、概念抽象的问题，而没有故事是最主要的问题。

我们的新闻报道常常从概念而不是从事实出发，习惯本本主义经验主义而不是从鲜活生动的现实出发，熟悉说教灌输而不是让人乐观悦读。从历史上看，党八股、洋八股影响很深，假大空、客里空从未离场。总书记强调讲故事，说"改进文风永远在路上"。改掉积习，甩掉包袱，就要以故事为抓手，在互联网时代，抓住稀缺的注意力资源，主要手段就是靠故事。

强调讲故事，不仅是为了让报道活起来动起来，而且是为了给思想找寻形象生动的载体。这就要求主流媒体的讲故事，是讲有思想性的故事，是让故事有思想起来。我们真正缺的不是故事，而是深邃的思想。我们每个人都活在故事里，所有人都是故事的主角，都在演绎精彩的故事，关键是记者如何发现、怎么描述。思想有了，就能有意识地去发现、去选择，故事本身反过来也会启发记者去提炼深刻的思想。记者在观察、思考现实问题时，就能看到画面、人物，就能发现矛盾、冲突，就能满足故事的基本要素和主要构件。

现在"自媒体"这么多，"全民记者"已经登场，大家都在拼命讲故事，主流媒体如果不会讲故事，主流思想就没有载体。

研究显示，以说故事的方式向人们提供的信息更容易被理解和记忆，因为这种方式让人放松，放松适合记忆。

残诗断句、流沙坠简，因为有故事，所以让人印象深刻。

有人辑录中国最著名的几句残诗，如中唐诗人李益的"闲庭草色能留马，当路杨花不避人"，因为没有故事，所以不出名。而北宋官员苏麟因为没有得到范仲淹的举荐没获提拔，就写下了"近水楼台先得月，向阳花木易为春"的残诗，最后得偿所愿，所以很著名。明末江阴民众抗击清军，一共坚持81天。城破之后，清军屠城，10多万江阴人被屠戮一空。一个无名的江阴女子死前留下一句残诗："寄语行人休掩鼻，活人不及死人香。"震撼人心。

当然，崔信明也是个有故事的人。隋末乱军四起，他的族弟劝说他一起追随窦建德的起义军，他不肯依附，最后翻城墙逃走，隐居太行山中。后来接受唐太宗的诏命，升迁至秦川县令。但是，他的儿子却"被酷吏所杀"。

崔信明的故事也代有续章。他"诗稿投江"的故事让人添堵。但是，越堵，越引起人们的注意。他之后的诗仙李白、文豪苏轼，以及宋代词人张炎等都直接或间接引用过这一诗句。李白借他的创意，在《对酒醉题屈突明府厅》中写道："风落吴江雪，纷纷入酒杯"。苏轼也借，在《卜算子·黄州定慧院寓居作》中有句"拣尽寒枝不肯栖，寂寞沙洲冷"。辛弃疾在《玉楼春·再和》中写道："旧时枫叶吴江句，今日锦囊无著处"。陆游也在《秋兴》中说："才尽已无枫落句，身存又见雁来时。"

因为这一句意境很美，很多顶级文人爱不释手，借用的人特别多，以致专门产生了"枫落吴江"这个成语。可见，这句诗的江湖地位不低。

14

约法三章定律

　　沛公军霸上，未得与项羽相见，却召关中父老豪杰曰："与父老约，法三章耳：杀人者死，伤人及盗抵罪。馀悉除去秦法。"

　　乃使人与秦朝故吏旧官一起，走街串巷，将这"三条新法"广为发布，向民众讲明情况。

　　秦地老百姓非常高兴，争相烹牛宰羊送来酒食，慰劳士兵。沛公又推让不肯接受，说："仓库里的粮食多得很，并不缺乏，实在是不想让大家破费。"

　　人们更加高兴，唯恐沛公不在关中做领导。

约法三章定律——

越简洁明了，越能口口相传

不得不说，刘邦是政治高手。

什么是政治？民心是最大的政治。天下治乱，政权兴废，就在民心得失间。江山就是人民、人民就是江山，打江山、守江山，守的是人民的心。由此可见，政治不玄妙，唯在得民心而已。

民心是民众共同的心意。对社会管理者而言，对民心民意的感知和呼应能力，是一种执政力。只要不闭目塞听，为政者一般都能清晰地感受到社情民意。但在民有所想、我有所谋；民有所呼、我有所应；民有所求、我有所为；民有所盼，我有所办上，速度和效率就体现出各自能力和情怀的不同，快慢繁简之间让人对为政者的水平高下立判。

为政者尤其要对人性有洞察力，好逸恶劳、趋利避害、删繁就简是基本的人性，无好无不好，关键是能正确把握。有人认为，好逸恶劳是人性的缺点，其实，科技发展的原动力，阳春白雪的说法是提高效率，下里巴人的说法是好逸恶劳。

为文者同样应该明了用户心理。时下长文章比比皆是，短视频满世界都有。这是一个什么都过剩，什么都短缺的年代。文章过剩、视频过剩、音频过剩、图片过剩，唯独注意力短缺。

写新闻其实也是一种治理能力，是对素材的研磨、主题的提炼、时度效的把握，最主要的是为文者心中要有强烈的受众意识：为谁写、为何写、写什么？这既是写作的三个"元问题"，也是一个媒体存在的法理所在。一个媒体的理念如果在互联网的莽原上有强烈的辨识度，同时被全体编采人员所接受并身体力行，那么，这家媒体就具有磅礴的伟力。从这点上来说，媒体本身也要提炼出自己的"约法三章"。

对于编辑和记者而言，一篇稿件、一张照片、一个短视频，要有一个观点鲜明、简洁明了、生动形象的主题，大多数时候，主题就是标题。现在，文章长、标题空的现象比较突出。洋八股之外并存土八股，老八股之外生出新八股。

10个字的"约法三章"可谓字字千金，刘邦很好地占据了内聚人心、外塑形象、引领未来的制高点。鸿门宴之后，居数日，项羽引兵西屠咸阳，杀秦降王子婴，烧秦宫室，火三月不灭，收其货宝妇女而东。

可见，得土地易，得人心难。写长文易，让人记住难。

还是毛泽东说得好："下笔千言，离题万里"，仿佛像个才子，实则到处害人。

15

李广定律

中国历史上著名的"飞将军"李广，长臂善射，从军四十余载，结发与匈奴大小七十余战。

文帝对他说："惜乎，子不遇时！如令子当高帝时，万户侯岂足道哉！"

他功勋卓著，一生却得不到提拔重用。从三十多岁担任陇西太守，一直到死，转来转去，再无半点提升。

李广的堂弟李蔡，二人同时从军，论才华，李蔡只在下中；论声望，李蔡比李广差远了。但人家却一路顺风顺水，步步高升，最后官至丞相，位列三公。连李广的下属甚至普通士兵，都有数十人被封了侯。而"一身转战三千里，一剑曾当百万师"的李广，却始终得不到爵邑，官不过九卿，至死未能封侯。

　　王勃在《滕王阁序》中感叹："冯唐易老，李广难封"。王维更是惋惜不已："卫青不败由天幸，李广无功缘数奇。"

李广定律——

越努力越不出彩，一不小心写了个好新闻

好新闻是新闻中的精品，唯其稀有难得而弥足珍贵。搞新闻的，没有不想写出好新闻的，就像炒股票的，没有不想赚钱的，走仕途的，没有不想封侯晋爵的。

可是，人生不如意常十有八九，事与愿违、事倍功半的状况实乃常态，人们安慰自己并兼顾别人说：常想一二。

想想那些自己的得意之作，看看好新闻作者的获奖感言，有一点相通，就是写起来费劲的东西，读者看起来也费劲；自己没有弄清楚的，读者更不清楚；写起来轻松的东西，看起来也倍觉好看。

何以如此？采访不深入，材料占有不丰富，事实没弄明白，切入的角度没有找到，就贸然为文，或者是迫于截稿时间仓促下笔，以己之昏昏，欲给人以昭昭，难乎其难矣。

然则，一切功夫都做了，就一定能写出好新闻吗？不一定。事实上，有的人搞新闻，终其一生，没有获得过什么像样的奖项。而绝大多数新闻人，都无缘全国好新闻奖。

新闻工作是一项遗憾的事业，易老难封。众多的新闻工作者都在大海里寻找自己的美人鱼。抱得美人归者终究凤毛麟角，每言至此，未尝不让人泣下沾襟。

这同人生是一个道理：越想要的，越得不到；不想要的，

老天送上。就像头彩，你也许一生都不会与她相遇，但你做梦都想着那一刻。

好新闻，是一张报纸的核心竞争力，也是一张报纸水平的体现，同时也应该是一个记者的终身追求。采写新闻要把目标指向一个“好”字，法上得中，法中取下。好比向千金小姐求婚，弄不好，也许跟丫头成婚。苏东坡说“薄薄酒，胜茶汤；粗粗布，胜无裳：丑妻恶妾胜空房”，此其谓也。

看着别人纷纷封侯，李广不是没想法，他曾经找了个算命先生说：自击匈奴而广未尝不在其中，且广不为人后，然无尺寸之功以得封邑者，何也？岂吾相不当侯邪？且固命也？苦闷至极，李广怀疑自己时运不济，问天不语。后来引刀自刭时，广军士大夫一军皆哭。百姓闻之，知与不知，无老壮，皆为垂涕。李广戎马生涯四十七载，最后想一战定功勋，不料却死在自己的刀下。和韩信比起来，李广少了隐忍的功夫。不成熟的男人为了名节可以悲愤自刎，成熟的男人为了理想可以卑贱地活着。当然，年龄是个重要的先决条件。韩信当时年少，李广已到离休年龄。

李广终生觅封侯但至死不得封，虽然悲情绵绵，却让悠长的历史有了刚性。活着的时候，他没有封侯赐爵。死了，在诗人的笔下，他一直保持威武的姿态，胜过无数的王侯将相。桃李不言，下自成蹊。

生活中多半都是未竟的事业。我们可以不成功，但是不能没有梦想。一如李广，虽然无封，因为奋斗和不屈，仍然可以美誉流芳。此言虽小，可以喻大。

16

李商隐定律

　　少年丧父，中年丧偶，未及老年而殁，古人常说的人生三大不幸中，李商隐占了两个。这个唐朝最会写情诗的男人，被命运作弄，无论是友情还是爱情，说不清也道不明，所以，他常常以"无题"为题作诗。

　　无题诗是李商隐的独创，在中国古典诗歌中独具一格，获得了后世最多的关注。他的无题诗，包括以《无题》为题的十五首，和以句首二字为题的"准无题"诗近三十首。当然，如果以诗的题目从诗的首句中取前几字为题，或者诗题与内容毫无关联来看，李商隐诗集中可以归入无题诗的就有近百首。在《唐诗三百首》中，李商隐属"无题诗第一人"。

　　他的《夜雨寄北》："何当共剪西窗烛，却话巴山夜雨时",成为世间最动人的情话。少年时代的初恋,刻骨铭心挥之不去,他有首《无题》尽人皆知:"相见时难别亦难,东风无力百花残。春蚕到死丝方尽,蜡炬成灰泪始干。晓镜但愁云鬓改,夜吟应觉月光寒。蓬山此去无多路,青鸟殷勤为探看。"在此,难言的隐痛、莫名的思恋、苦涩的情怀、执着的追求皆可代入。这些情感,无题胜有题,无题有真趣。

晚唐最令人心疼的李商隐,那样的哀婉缠绵,如此的痛彻心扉,千百年来打动了无数人。清代梅成栋评价:千秋情语,无出其右。

李商隐定律——

把每次采写都当作第一次

记者是以写作为终身职业的人。然而，写多了，创新不易。写久了，激情难再。很多稿件，老话题、老话语、老套路，写起来是不吃力了，看起来却腻味了。

记者是以"新"为永恒追求的人。没完没了的任务，永远没个头地奔走，无止境的业务要求，很容易消磨掉新鲜感。对于工作，很多时候"就像左手摸右手，一点感觉都没有"。

那么，如何做到"写稿虐我千百遍，我待写稿如初恋"？怎么才能"一支笔在手，浑身都颤抖"？怎样才可以"人生若只如初见，不要事后总埋怨"？

把每次的采写都当作"第一次"。人对于"第一次"总是没有抵抗力。因为第一次不容易忘记，第一次的感受会很美好，第一次都是全新的体验。

要全心全意地尊重。尊重采访对象，尊重正在发生的事实，尊重一笔一画的写作。让尊重成为习惯，让尊重体现在字里行间。就像第一次爱一个人，生怕自己做得不够好，总是小心翼翼地对待。

要敢于冒险。在写作的时候，尝试各种不同的角度，试验使用新鲜的词汇，探索从未用过的篇章结构。这些创新的举动不断开辟新的境界，让自己不断感受新的美好。

要在心里不断和自己沟通。对自己点点滴滴的进步给予正向的激励，要学会总结和提高。当有突破的时候，要向自己说声"谢谢"，同时用欣赏的眼光看待自己的作品，如同看待初恋，就像李商隐一样，看出别样的妩媚。

无论开头的相遇有多美，不论相恋的过程有多好，结局都是命，但不应该认命。李商隐的友情亦如爱情，多少年后，朋友也成陌路。

李商隐17岁时曾经"干谒"前宰相令狐楚。令狐老爷子爱才，安排他和自己的二儿子令狐绹一起读书。李商隐成了令狐家的一分子。令狐绹考试、做官，顺风顺水，他帮助李商隐进士及第。令狐楚过世后，令狐绹在家丁忧三年。此时，泾原节度使王茂元将李商隐招入幕府，并将女儿嫁给李商隐。但这却犯了政治大忌。

当时是"牛李党争"最严重时期。王茂元是"李党"成员，李商隐的恩师兼贵人令狐楚是"牛党"成员。在党争中，李商隐处境尴尬。"牛党"认为他娶了"李党"成员的女儿，所以他是"李党"的人。"李党"认为李商隐是"牛党"令狐楚的徒生，天生就是"牛党"的人。李商隐处在牛李两党之间，两头受气。

李商隐仕途很不顺利，他曾两入秘书省，但时间短而且是低级官职。在基层政府也只是小官，同样短暂。他一生的大部分时间都在一些外派官员的幕下供职。无论是"牛党"上位，还是"李党"得势，都不给李商隐晋升的机会。46岁时，李商隐在郑州病故，而令狐绹一直活到85岁。

　　李商隐的诗歌流传下来的有 600 首之多，诗中恩恩怨怨、远远近近、眉头心头的情绪弥漫其间。雷隐隐，雾蒙蒙，不知哪首，是写给初恋的；不知哪句，是写给令狐绹的；不知哪句，是写给自己的。

　　李商隐是当之无愧的中国朦胧诗鼻祖。世事不能说，有春秋笔法。爱情不能说，无题诗存世。李商隐应该更名，起码笔名应该叫"李伤隐"。

17

李延年定律

　　据《汉书·佞幸传》记载，李延年出身于音乐世家，他与妹妹李夫人皆能歌善舞，容貌喜人。早年犯法受腐刑，当了个"狗官（给事狗监中）"。

　　李延年性知音，善歌舞，很得武帝喜爱。他创作的新歌新曲，闻者莫不感动。有一次，李延年侍奉汉武帝，边歌边舞《佳人曲》："北方有佳人，绝世而独立。一顾倾人城，再顾倾人国。宁不知倾城与倾国，佳人难再得！"这首歌让汉武帝醉了，上叹息曰："真好啊！世界上真的有这样的人吗？"平阳公主说，这个人就是李延年的妹妹。上乃召见之，确实"妙丽善舞"。由是得幸，生一男，是为昌邑王刘髆。

在生下昌邑王之后，李夫人的身体开始衰弱，所谓红颜薄命，在她身上尽显无疑。李夫人早逝，汉武帝伤心欲绝。让宫廷画师绘制李夫人的画像，悬挂在甘泉宫，旦夕徘徊瞻顾，低回嗟叹。还请方士夜张灯烛，设帷帐，招来李夫人的魂魄，隔着帷幕，清香袅袅。汉武帝遥见李夫人之貌，又不得近身察看，愈益相思悲戚，乃作《李夫人歌》："是邪？非邪？立而望之，偏何姗姗其来迟！"这是帝王诗中情深义重的代表作，也是一个帝王能给的所有爱情了。

这段故事，产生了三个著名的成语：倾国倾城、姗姗来迟、绝世佳人。

李延年定律——

人人都要有代表作

重视内容生产始终是王道，与之相比，渠道为王则显得霸道。

内容主要由个体生产，具有手工业特色。渠道推广则由机构主导，是明显的市场行为。

面对资本的力量，个体显得气喘吁吁。但是，个体的内容生产恰恰是通过自己的努力可以达到的新高度。这就是编辑记者的价值所在，也是传统媒体屹立不倒的逻辑架构。

对于作者来说，代表作始终是不能忽视的标志性所在。说一个人出名，都和此相关。说一个网红轰动，也与这相连。没有代表作是普遍现象，沉默的大多数就是因为没有代表作。但是，作为编辑记者，没有代表作不可原谅。

代表作是指具有时代意义或最能体现作者思想水平、艺术风格的著作、产品或作品。千行百业，行行出状元，状元必须有代表作。说起游戏，人们能记住《植物大战僵尸》《红色警戒》《王者荣耀》等。说起画家，外国达·芬奇的《蒙娜丽莎》、梵·高的《向日葵》、毕加索的《亚维农少女》等，我国顾闳中的《韩熙载夜宴图》、黄公望的《富春山居图》、张择端的《清明上河图》等。说起中国四大名著《三国演义》《水浒传》《西游记》《红楼梦》人人不忘。新闻上的名著也有很多，斯诺的《西行漫记》、范长江的《中国的西北角》、约翰·里德的《震撼世界的十天》、史沫特莱的《伟大的道路》等，都是经典，都是代表作。

人是在不断成长的，每个时期有每个时期的代表作，展现的是进步的阶梯。不止个人，每个地方和单位，也都要有自己的代表作。

李延年最大的成功，就是通过一曲《佳人曲》把自己的妹妹推荐给了汉武帝。李夫人到底有多美？这个不能告诉你。但是，在盛世王朝里李夫人一直熠熠生辉，艳冠天下。这是一场何等成功的策划，包括李延年的作品，都是代表作。

李夫人是智慧的。夫人病重，汉武帝去探望，夫人蒙被谢曰："妾久寝病，形貌毁坏，不可以见帝。愿以王及兄弟为托。"无论武帝如何恳求，她都不答应。她对自己周围的人说："夫以色事人者，色衰而爱弛，爱弛则思绝。"她分析，皇上所以恋恋不舍地顾念我，是因为我的美貌。现在若看到我的容颜不同往常，一定害怕和厌弃我，哪里还会思念我，还会善待我的兄弟呢？李夫人深谙人性。其后，上以夫人兄李广利为贰师将军，封海西侯。李延年为协律都尉，食禄二千石。

李延年兄妹四人的事迹，全部写入正史。

18

锄兰定律

三国时蜀汉州后部司马张裕天才过群，是著名的图谶学家。他不仅能够算出别人的生死，也能够算出自己的生死，每举镜视面，自知刑死，未尝不扑之于地也。

据《三国志》记载，张裕曾经私下对人说："岁在庚子，天下当易代，刘氏祚尽矣。主公得益州，九年之后，寅卯之间当失之。"这些话被人告了密。

号称"弘毅宽厚，知人待士，盖有高祖之风、英雄之器"的刘备一直对张裕印象不好，终于找了个理由，把他给治了个死罪。

诸葛亮写信向刘备求情，说张裕是个人才，杀了可惜。先主答曰："芳兰生门，不得不锄。"裕遂弃市。

锄兰定律——

记者越是觉得好的，编辑越是给删掉

编辑和记者，好像有仇似的。你写的东西，越是得意的，越是被删掉。编辑了的稿件见报之后，记者经常抱屈不已，心里那个堵啊。

编辑和记者，完全是不同的两个行当。你采我编，在流程上是前后工序，在层级中是上下位关系。编辑处在大众传播通道的"把关人"位置，与记者相比通常处于主导地位。号称"无冕之王"的记者，见了编辑矮三分，有时低到尘埃里。

编辑和记者的矛盾是媒体的基本矛盾之一，编采鸿沟让新闻人非常苦恼：分开，互相指责；合一，把关不严，上级批评。很多单位实行编采轮岗，可是，屁股永远指挥脑袋。一阔脸就变实在不止于暴发户，斯文的知识分子换了岗位一样变脸。

编辑对记者的稿件操有生杀予夺大权。古有庖丁解牛，今有编辑改稿。往往一篇记者自认为是"合格品"甚至"优质品"的稿件，经过编辑手之所触，游刃而进，立刻骨肉分离，如土委地，剩下的只有骨架硬生生戳在那里，众多的稿件经常就这样被"弃市"。

再看看刘备杀张裕，其实也是有原因的。

张裕有急智，反应真的快。《三国志·蜀志·周群传》记载，他原本是刘璋的部下，刚和刘备见面的时候，刘备看见他胡子丰饶茂盛，就拿他开涮："我老家涿县，姓毛的特别多，东西南北都是姓毛的，我们涿县县长说：'诸毛绕涿居'。"涿字是什么意思？"涿"本是指猪屁股，这等于把人家的胡子说成阴毛、脸部说成猪屁股。张裕马上回答："从前有个人，是上党郡潞县的县长，后来调到你们涿县当了县长。辞官回家后，别人给他写信，觉得不管写'潞君'还是'涿君'，都不准确，于是就称呼他为'潞涿君'"。"潞"与"露"谐音，"潞涿君"就是嘲笑刘备没有胡须，脸蛋光光如同屁股光光。

古人以胡须多为美，刘备的拜把子兄弟关羽就是美髯公，不长胡子的男人就像长了胡子的女人，都不好看。"先主无须，故裕以此及之。"后来刘备成了张裕的领导，那个笑话一直让刘备怀恨在心。刘备在杀张裕头的时候，他的话非常文艺：芳兰生门，不得不鉏啊。兰花生长在门口，生非其地，妨碍进出，不得不锄掉。

常说"嘴上无毛，办事不牢"，张裕满脸胡子，为了过嘴瘾，却落得个身首异处，正应验了"祸从口出"。总的来说，记者对编辑都很尊重，绝不敢口无遮拦。可是这改变不了稿件中"芳兰"被锄掉的命运。而编辑删改稿件的理由是"刘除枝蔓，突出主干"。其口吻和刘皇叔何其相似乃尔。当记者这个"无冕之王"遇见编辑这个"无冕之皇"时，结果一般都是张裕遇见刘备。上位之刃，卡脖子上，手一挥——"咔嚓"。

19

唐太宗定律

　　唐太宗李世民知人善任，虚心纳谏，与民休息，创造了为后世称颂不绝的"贞观之治"。

　　魏征是中国历史上最负盛名的谏臣，能够犯颜直谏，即使在唐太宗盛怒之际，他也敢面折廷争，从不退让。

　　魏征死后，唐太宗惋惜不已："夫以铜为鉴，可以正衣冠；以史为鉴，可以知兴替；以人为鉴，可以明得失。今魏征殁，朕失一鉴矣！"

　　他和魏征被誉为最佳的君臣组合，魏征曾先后陈谏200多次，皆切中时弊，无一不受到采纳。

　　唐太宗说："人言征举动疏慢，我但见其妩媚耳。"

唐太宗定律——

一个人偏好决定稿件生死

史书上说，"征状貌不逾中人"，也就是说他是一个很普通的男人，连英俊都说不上，肯定不具备伪娘的姿容，哪来的"妩媚"？

正好比"萝卜青菜各有所爱"，在一般人看来狂傲粗糙的魏征，偏偏入了唐太宗的法眼："但见其妩媚耳。"

这和编辑对待记者的稿件是一个道理。

编辑的职责一般是编辑稿件、制作标题和设计版面。凡是人干的活，一定带着浓郁的个人色彩，如果这种色彩比较稳定，人们就称其为风格。风格就是编辑的个人偏好，影响到稿件的取舍存废。朱编辑喜欢的稿件，到苟编辑那里或许是个简讯，到熊编辑那里，可能丢进了字纸篓，到马编辑那里，可能又被救活成为头版头条。

一篇稿件决然不同的命运，有时不是稿件本身质量的问题，而是合不合编辑胃口的问题。

自从编采分离之后，编辑和记者之间就横亘着一条鸿沟。如果硬要给这条鸿沟一个形象的定义，它可能是太平洋。如果说鸿沟都有多深，或许有马里亚纳海沟那么深。

记者写的稿件敝帚自珍，编辑爱惜自己的版面。各宝其宝，矛盾由此而生。新闻单位的矛盾，一般就是由业务分歧而致个人恩怨。吵架是经常的，领导还鼓励对立。动手也不鲜见，领导一般不鼓励。

为了填平编采鸿沟，新闻单位从体制上改革，编采分离、编采合一，以中心为单位的小分离大合一，也有设立事业部制的，各种方式都试过，结果大都按下葫芦浮起瓢。

于是又有了编采轮岗。曾经的编辑做了记者之后，见稿件未发，遥想当年自己对记者的稿件处理得多么尽心尽力，很是不平。曾经的记者做了编辑之后，见到来稿如此糟糕气不打一处来，立马给毙了。编辑记者相见分外眼红，以致新仇旧恨涌上心头，屁股永远指挥脑袋，行为总是乱了乱了。

我们都不是完人，却要求别人做完人。这种要求一般只针对两种人——领导和儿子。自己实现不了的理想，希望儿子实现。自己做不到的事情，希望领导做到。对领导要求过高，对儿子要求过严。人人都患有强迫症，临床表现为像要求儿子那样要求领导，反之也一样。

其实，编采矛盾，如果都站在对方的角度看问题，就容易消融。编辑想想记者的辛苦，记者想想编辑的难处，大家把心思集中在办好媒体上，大方向统一，小矛盾就解了。魏征有胆略，每犯颜苦谏，目的只有一个，就是巩固李世民的统治，因此皆能让人主回心转意。

魏征，应该不仅仅是一个人的镜子。

20

李贺定律

　　"诗鬼"李贺多才又多悲。

　　七岁能文，典型的神童。得韩愈、皇甫湜等大家提携，名扬京洛。李贺会读书，考试一流，来到京城参加进士考试，金榜题名是大概率事件。正所谓"人怕出名猪怕壮"，同届考生嫉妒加害怕，为了解决掉李贺这个"高考大热门"，他们在"避讳"上大做文章："父名晋肃，子不得举进士。"原来，李贺父亲名字里的"晋"字与进士的"进"字同音。尽管韩愈"质之于律""稽之于典"，写了一篇著名的《讳辩》来为之辩解，终无可奈何，考官没有给予其考试资格，没有"准考证"的李贺进不了考场。

"避讳"让李贺终生不能进士，仕途之路断绝，功名无望，一生郁郁不得志。留下了"黑云压城城欲摧""雄鸡一声天下白""天若有情天亦老"等千古佳句的李贺，哀愤孤激，27 岁英年早逝。

李贺定律——

因为一个字，耽误一辈子

人没有不犯错的。恒常所见，小错不断，大错不犯。

积极来看，在小错中试错，避免犯大错。消极观之，屡错屡犯，成为"事故精"，个人、单位都难办。

业内虽有"无错不成报""无错不成台""无错不媒体"的说法，但是，保持高压态势，筑牢安全防线总是没错的。

世上错误千百种，落实到传媒界，差不多是三种：政治性差错、事实性差错和技术性差错。

政治性差错就是与党和国家的路线、方针、政策不一致甚至相违背的错误观点和提法，如将"中国"与"港澳台"并列，将"朝鲜"写作"北朝鲜"。有的事关导向，如，借反思改革否定改革，在反对美国打压时认为不要开放。历史经验反复证明，舆论导向正确，是党和人民之福；舆论导向错误，是党和人民之祸。

事实性差错就是将人名、地名、时间、引言、职务等弄错，譬如称新疆、广西、内蒙古为"省"，或将"山东"错为"山西"等。有的事实差错容易成为政治差错，如"总理"错成"总经理"。有的报道差错会引起伦理风险，如"瞎子""聋子""哑巴""疯子"等，把"残障人士"称为"残废人"。

技术性差错包括掉字、掉段、错别字等，新华社曾经纠正了正式文本中"汨罗江"的"汨"（mì）字错成"汩"（gǔ）的错误。技术性差错在媒体上最多，也最普遍。数字是最容易出错的，如把"十佳青年"误为"10佳青年"、"三天两夜"误为"3天2夜"、"3 000元"误作"3千元"。错别字更是大雷区，"账户"错为"帐户""戴手铐"错为"带手铐""杯盘狼藉"错为"杯盘狼籍"。还有将"东郭先生"错成"南郭先生"，"明日黄花"误作"昨日黄花"，用"七月流火"形容夏日酷热，更有"脉搏"误为"脉博""金刚石"误为"金钢石""麻风病"误为"麻疯病""水蒸气"误为"水蒸汽"等，不一而足。

当然，差错还包括漏报、迟报、位置错误，或将未定稿提前发表，或将涉密件公开发表。在实际工作中，致命的差错主要包括新闻失实和政治导向失误。如果犯了颠覆性差错，就是"黑天鹅"降临。

差错是米饭中的沙子，大堤中的蚁穴。一处差错就是一个漏洞，漏洞多了，文章支离破碎，媒体质量堪忧。就个人而言，老是出错，成为差错大王、错别字皇后，也是十分不堪。

李贺天生异相，自幼体形细瘦，通眉长爪。他敏捷的才思来自过人的勤奋，白日背着锦囊骑驴觅句，遇有所得，即书投囊中，暮则探囊整理，焚膏继晷，十分刻苦。他的母亲太夫人郑氏经常说："是儿要当呕出心乃已耳！"

历史和现实已经并将反复证明：为了一个字，一定要呕心沥血。

后羿定律

相传远古时候，帝俊与妻子羲和生了十个太阳孩子，他们住在东方海外，海水中有棵叫扶桑的大树就是太阳孩子的家。每天，一个太阳坐着六龙驾驭的"日车"，周行天际、照射人间，把光和热洒遍世界的每个角落。十个太阳轮流当值，秩序井然，天地万物相生相长，世界潮流滚滚向前。

天长日久，十个太阳觉得当"轮值董事长"太漫长，就想齐出齐进，实行"集体负责制"。

"逮至尧之时，十日并出，焦禾稼，杀草木，而民无所食。"面对天下大乱，总有人力挽狂澜。后羿站出来为民除害，箭无虚发，一连射下九个太阳。当他弯弓搭箭要射第十个的时候，黎民百姓拦住了他："太阳多了不行，没了也不行，我们需要一个太阳，你给我们留一日。"

从此，日出东海落西山，天地位焉，万物育焉。

后羿定律——

只要是重稿，就该被毙掉

发重稿，在编辑叫"一稿两发"，在记者叫"一稿多投"。这种行为，被业界所忌，为读者所恨。为何？占用了宝贵的资源，浪费了读者的时间。

发重稿是个很低级的问题。比如，同一天发布的两篇新闻，都是同一记者所写的同一事件的同一文字，只是发在两个不同版面上。有的主体一样，内容部分重复，虽然报道重点各有不同，但依旧是重稿。也有同一天的报刊，所报道的内容完全相同，差别仅仅一个是图片报道，一个是文字报道。低级的问题往往造成高级的损害。

延伸来看，学术论文的一稿多投或重复发表更让人头疼。

一稿多投是指同一作者向多种报刊同时或相继发表内容相同或相近的论文，国际上也称该种现象为重复发表、多余发表或自我剽窃。

在学术出版领域中，还有一种"香肠论文"特别臭名昭著。它是把本属于同一研究成果并可一次性发表的内容，分割为多篇论文进行发表的行为。这种将研究成果划分为多个最小可发表单元的做法，可减少作者的研究成本，并帮助作者获得更多的论文数量和被引数量。发表"香肠论文"是一种违背学术道德的做法，不仅浪费了期刊版面资源和审稿人的评审时间，还抢占了其他科研人员的论文发表机会。

因此，产生了一种规定动作：查重。论文查重是对学术不端行为检测的通俗说法，就是防止论文的抄袭、剽窃、篡改和伪造。

国际期刊界有个明确界定，有的重稿是"可接受的再次发表"。它是指使用同一种语言或另外一种语言再次发表，尤其是使用另外一种语言在另外一个国家再次发表，是正当的。根据我国著作权法的有关规定，一篇论文的作者在国内、国外两个学术期刊上用中、外文分别发表，在不违反国内、国外两个期刊有关编辑出版规定的前提下，不应被认为是"一稿多投"。

互联网时代，新生事物层出不穷，有的借尸还魂，比如新的"重稿"现象出现，谓之"洗稿"。

"洗稿"是对其他人的原创内容进行篡改、删减，使其看起来面目全非，其实核心价值还是抄袭。有人说，互联网时代就是"洗稿时代"的来临。开始有人在网上将别人的作品直接照搬照转，版权保护开始后，有人"全面拼装"，将别人的稿件换些近义词，调整一下语序，改换一下名字，将"远近闻名"改成"闻名遐迩"，将"仪态万方"换成"国色天香"，换汤不换药，改头不换面，洗稿变成洗劫。

重稿问题一直存在，在手工时代，要解决此问题难乎其难。随着大数据时代的到来，人工智能估计能解决此顽疾。如果要给这个智慧查重系统命名，最好的名字应该是"后羿射日"。

推敲定律

  贾岛于驴背上得句："鸟宿池边树，僧敲月下门。"开始想用"敲"，后又欲作"推"，炼之未定。遂于驴背上以手作"推"势，俄而又作"敲"势。不知不觉走了半条街，路人感到很惊讶，贾岛好似看不见，依旧吟哦不已。

  当时韩愈代理西安市市长，正带队调研。贾岛不小心误入韩市长的仪仗队，侍从官将他从驴背上揪了下来，推推搡搡送到代理京兆尹的面前。贾岛详细报告了他的行为：正在酝酿诗句，吟安一字未定，神游诗府，不知道要回避，致冲大官，希望原谅。

  韩市长停下车马，在街边和贾岛一起推敲起来。过了好一会，谓岛曰："'敲'字佳。"

  韩愈一锤定音，贾岛遂以此句名动京城。

推敲定律——

自己朝思暮想得来的东西，最后还是别人说了算

　　记者写出来的稿件，好歹都有个标题。往往见报之后，改动最大的，就是标题。一篇稿件里面，最不是自己东西的东西，也是标题。

　　标题如网之总纲，刀之锋尖。标题像衣服的领袖，美女的明眸。常言道："人美在眼睛，文美在标题。""读书看皮，看报看题，阅人看神。"总之，标题很重要。同样重要的，不仅仅是标题。

　　越是重要的东西，越不是自己说了算。新闻业界千般事，外人哪里知短长。

　　从业务链条来看，记者处在起点。出入采访现场的，是蜜蜂般辛劳的记者。

　　一般人以为稿件是记者说了算。真的是记者说了算吗？其实是记者部门的主任说了算。

　　真的是记者部门的主任说了算吗？其实是编辑部的编辑说了算。

　　真的是编辑说了算吗？其实是编辑部门的主任说了算。

　　真的是编辑部门的主任说了算吗？其实是值夜班的总编辑说了算。

　　真的是总编辑说了算吗？其实是读者说了算。

人们常说，一篇稿件见报或者发表，要过五关斩六将。哪五关？记者、部主任、编辑、编辑部主任、值班总编辑。哪六将？进行初审的中级职称以上资质的责任编辑、进行复审的高级职称的编辑部主任、进行终审的正副总编辑、对小样进行一校的校对人员、对大样进行二校的校对组长、对大样三校消红成清样的校对科长。这就是通常所说的编辑出版工作的"三审三校"。

具有这样严格流程的新闻出版单位就是严肃媒体，经过这样流程生产出来的稿件就是主流舆论。文字记者写的稿件，摄影记者拍的照片，评论员写的评论，付出非常多，但是都不是自己说了算，也不是一个人说了算。每个人都是把关人，把关就是权威，关口越多，权威越大。

反之亦然的是每个人的朋友圈，自说自话。同理可证的是互联网里面的许多发布，策采编发悉出一人。"机构媒体固穷，自媒体穷斯滥矣。"

就像战马与战士天生是一对，驴子跟诗人也是完美拍档。陆游的"此身合是诗人未，细雨骑驴入剑门"，苏轼的"往日崎岖还记否，路长人困蹇驴嘶"，细找驴头马嘴，贾岛的那头驴子可能是始作俑者。如果说诗人是人群中的犟驴，那么犟驴可能是驴群中的诗人。如果驴子和诗人闹别扭，一般他们得私下好好商量一下。公开的样子，看起来都是自己说了算，这叫给面子。

回头看看"韩市长"总编辑确定的字，似乎也有可以商榷的地方。其实，贾岛就是用"僧推月下门"也未尝不妙。譬如，这和尚若是月下散步，回到自家僧门又何须去敲，推门就是了。又如，倘若这厮不守戒律，在月色溶溶之夜吃花酒回来，一敲，禅院深深，动静太大；一推，人鬼不知，月亮也闭嘴。

《推背图》 龙二／绘

辑二　舆情有规则

23

萧何定律

萧何看起来是一个非常矛盾的人，成也萧何败也萧何。

矛盾的根源在刘邦。刘邦和萧何的关系，是古往今来君臣关系的不二经典。

高祖起事，萧何从之。还定三秦之后，开始长达四年的"楚汉战争"。"暴露于外"的刘邦疑窦丛生，有三次，差点要了萧何的命。

第一次，刘项之争，刘邦在前线打仗，萧何坐镇大后方。刘邦多次派使者来慰问萧何。有个鲍生对萧何说，汉王在前线风餐露宿，却多次慰问您，这是怀疑您。不如送您的子孙及兄弟们全部上前线，这样汉王就放心了。"于是何从其计，汉王大悦。"

第二次，陈豨造反，刘邦前去征讨。吕后萧何用计诛杀韩信，刘邦对萧何又是拜相又是加封，只有邵平看出杀机。萧何听从邵平的计策，工作闻鸡起舞风雨无阻，全部家财献出以资军需。"高帝乃大喜。"

第三次，黥布造反，刘邦亲自去平定。刘邦数次派使者问相国在干什么。萧何还像上次一样，镇国家，抚百姓，给馈饷，不绝粮道。有个说客对他说，您贵为相国，功居第一，难道还想再进步吗？您现在深得民心，百姓们都亲附您。皇上屡次派人来问您的情况，是怕您倾动关中，想当皇帝。萧何听得冷汗直冒。说客建议，您可以霸占土地、低进高贷、把名声搞臭，以此自污，皇上对您就放心了。"于是相国从其计，上乃大悦。"

萧何定律——

重视弱信号，避免高风险

我们已经全面进入"舆情时代"。

舆情是"舆论情况"的缩略语，本身并无褒贬之分。但在社会语境中，各类重大突发敏感舆情事件此伏彼起，如浪淘沙，有的改变了人们的思维认知，有的对当事人造成永久伤害，有的对相关单位和地区形象产生长期的不良影响。久之，"舆情"就专属指代"负面舆论情况"。

涉官涉富、医疗司法、教育、民生、重大突发容易成为舆情高发地。舆情暴起让人手忙脚乱，正常的工作秩序被中断。大众的注意力被汹汹的舆论牵着鼻子走，当事人的精力和人力都围绕舆情转，大家都成了"消防员"，领导成为"消防队长"。表面上看，舆情的平复需要一周左右的时间，实际上，有的"烽火连三月"，水龙头总是拧不紧，地上怎么也拖不干。

舆情的产生有它的标配：一个热点事件 + 一种情绪化意见 + 一个流行语 = 一根导火索。

舆情也有自己的生命周期：潜伏、成长、爆发、衰退。每个时期，需要的处理能力不一样。在潜伏期，最靠眼光；在成长期，最要行动；在爆发期，最重资源；在衰退期，最是磨人。

在苗头初起和成长时，如果及时加以引导干预，就能够消弭 90% 以上的舆情发生。人人都知道堤溃蚁孔、气泄针芒，都明白感知、捕捉和研判"弱信号"的重要，但是治未病最难。

如此之难，何不学习一下萧何及其舆情团队的做法？鲍生、邵平堪称舆情专才，讲道理的能力一流。萧何是当事人，从善如流的能力一流。

如果从舆情处置的角度看"汉初三杰"，应了那句话："智者见于未萌，愚者暗于成事。"韩信与张良、萧何不是一个量级。张良以神仙自托，萧何以谨畏自保，韩信无以自明。张良与萧何都是智者，非要在他们中间分出等级来，萧何上智，张良中智。因为，萧何在朝，张良在野。在野的，从前日月属官家。在朝的，还要不断感知弱信号，永远防范"黑天鹅"而不被黑，永远防范"灰犀牛"而不被搞得灰头土脸。

鲍鱼定律

秦始皇创立了一个高度集权的大秦帝国之后，考虑最多的不是天下苍生，而是自己的长生不老。在49岁的时候他开始了人生的第五次大巡游。

据《史记·秦始皇本纪》记载：七月丙寅，始皇崩于沙丘平台。丞相斯为上崩在外，恐诸公子及天下有变，乃秘之，不发丧。棺载辒凉车中，故幸宦者参乘，所至上食。百官奏事如故，宦者辄从辒凉车中可其奏事。独子胡亥、赵高及所幸宦者五六人知上死。

赵高故尝教胡亥书及狱律令法事，胡亥私幸之。高乃与公子胡亥、丞相斯阴谋破去始皇所封书赐公子扶苏者，而更诈为丞相斯受始皇遗诏沙丘，立子胡亥为太子。更为书赐死公子扶苏、蒙恬，数以罪，（其）赐死。语具在李斯传中。行，遂从井陉抵九原。

　　会暑，上辒车臭，乃诏从官令车载一石鲍鱼，以乱其臭。

鲍鱼定律——

辟谣有时更像造谣

鲍鱼是中国传统的名贵食材，位居"鲍、参、翅、肚"四大海味之首，历史上的一件事和一句话却让它臭名远扬。这件事就是它帮助掩盖了秦始皇的死亡真相，这句话则是西汉文学家刘向在《说苑·杂言》中所言："与善人居，如入兰芷之室，久而不闻其香，则与之化矣。与恶人居，如入鲍鱼之肆，久而不闻其臭，亦与之化矣。"

2007年4月5日国务院公布了《中华人民共和国政府信息公开条例》，这是一个标志性的条例。根据条例精神，公开是常态，不公开是例外。为此，各地纷纷建立新闻发言人制度。

好的制度安排需要好的落实，歪嘴和尚瞎念经的事在哪里都存在。暨南大学新闻学院前院长范以锦说，我们要警惕的是，某些地方借"发言"之名，推崇"闭嘴"的别有用心。

新闻发言人制度被个别地方和部门当作"挡箭牌"。本是政府新闻公开和政务透明的窗口，是媒体获取新闻的渠道，但却成为阻碍采访的工具和借口。有了新闻发言人，官员就以"请找我们的新闻发言人"为由，推诿、拒绝记者采访，理直气壮地让记者吃闭门羹。而新闻发言人又可以用"领导未授权发布此消息"为由，微笑地将记者拒之门外。这一套太极打下来，让记者找不着北。

现在，有的地方不允许新闻发言人回答"无可奉告"。这一规定实践起来，又滑向另外一个极端，用通稿"统一口径"，其实就是变相地实行新闻封锁，竭力掩盖事实真相。新闻发言人成了控负和灭火的消防员，成了防火防盗防记者的守门员。

处理危机事件，新闻发言人都干了些啥？2010年1月12日，贵州省安顺市关岭布依族苗族自治县公安局坡贡镇派出所副所长张磊在出警中使用枪支致两村民死亡。随后，安顺市警方新闻发言人、公安局一位副局长面对记者追问的十几个关键性问题，他全以"正在调查"为由进行回答。当记者问一名死者身中两枪，先击中头部，为什么要补一枪给腿部，他否定。当记者再问那就是先击中腿部，为什么还要再向头部开枪？他又说"不存在"。记者疑惑起来：岂不是两枪同时击中死者？这位局长因此被誉为最雷人的新闻发言人之一。

对外发言，从"躲猫猫"开始，"喝凉水致残""噩梦死""鞋带上吊死""精神病发作死""喝开水死""洗脸死"等话术接踵而来，而且从未绝迹。如果放在古代，在秦始皇驾崩的新闻发布会上，首席新闻发言人李斯肯定会发布死亡原因曰："吾皇乃鲍鱼死也！"

混沌定律

　　庄子是个故事大王，其故事皆意蕴深远，从天从地指到人心。

　　他在《庄子·内篇·应帝王》中讲了一个寓言故事：南海之帝为倏，北海之帝为忽，中央之帝为浑沌。倏与忽时相与遇于浑沌之地，浑沌待之甚善。倏与忽谋报浑沌之德，曰："人皆有七窍，以视听食息，此独无有，尝试凿之。"

　　日凿一窍，七日而浑沌死。

混沌定律——

被敲打的时候要立即做出反应

　　混沌就是宇宙未形成之前的混乱状态。移植到新闻上来说，就是凡没有被大家共同关注的事物，对大众来说就是未知的无序的，任其自然，一片混沌。庄子所谓的"浑沌"，就是现在所说的"混沌"。

　　新闻记者的职责就是将这些隐性的事物显性化，让公众能把握得住，知道它的意义和影响，使自己的生活朝着美好的方向前行。

　　一般来说，报道正面新闻，容易被接受采访；搞舆论监督，就是凿破鸿蒙，殊为不易，这里的不容易也包括被监督者。

　　当记者经过外围周密的调查研究之后，就一定要和事件的主角进行正面接触。面对倏忽而至的记者，人们的表现是一则以惊，一则以怒。惊怒过后就是行动，一般是使出太极推手。至若人情有所不能忍者，就对记者动粗，包括语言暴力和肢体接触。事情至此，就闹大了，很难收场。

　　当然也有如混沌面对南北两帝时的表现，任你如何敲打，我都不回应。记者都有股狠劲，现在，比记者更狠的人已经出现，就是网民，他们都会穷追不舍到水落石出。特别是在互联网时代，所有人本性里的记者潜质都被激活。

　　当一件疑云重重的事件破题之后，"网民记者"随时随地把自己得到的信息放到网上，随着一窍一窍地被开凿，事情就朝着不可控的方向发展。无数事实证明，信息及时发布则成，不及时发布则败。

庄子在这篇寓言里的本意是说原始无智的天真被强开耳目之后，中途夭折，不终天年。问题是，七窍已开，谁还能回得去？作为新闻事件的当事人，如果不及时作出反应，不是假天真就是真糊涂，起码在新闻素养上是"七窍通了六窍——一窍不通"。

突发事件处置失当暴露了领导干部与媒体打交道的本领危机和知识恐慌。这和我们传统的干部教育相关。过去，没有专门的领导干部新闻素养培训，新闻学也只是用来培养编辑记者的，不适用领导干部。在如何善待媒体、善管媒体、善用媒体这个课题之下，补上领导干部新闻素养这一课成了当务之急。

面对新闻记者，领导干部应该具有猝然临之而不惊、无故加之而不怒的应变能力，要确立新闻发布与事件处理同样重要以及"报比不报好，早报比晚报好，自己报比别人报好，主动报比被动报好"的观念。

庄子的这个故事，如果用普通话来说，可以翻译为"两个聪明人把一个老实人给忽悠死了"。世界自古三缺一，如今这个"一"登场了，他叫"网民"。有了网民，清楚的事，会让人糊涂；糊涂的事，也许让人清楚。

十字准星后的目光如刀锋般凌厉，藏身之地无人能晓。场场是你死我活的拼斗，枪枪是性命交关的较量。狙击手是铁血战士，被称为战场上的幽灵、收割生命的猎手。狙击任务往往改变战争态势，决定战场胜负。

狙击手的最大特点是：只能打一枪——一枪就得让敌人毙命。否则，这一枪暴露了自己的位置，反而会招来杀身之祸。

狙击手除百步穿杨的射击功夫外，还需要有沉稳的个性、坚强的意志和严谨的作战方案，并遵守铁的纪律。狙击手在确定伏击地点和潜伏位置后，就要进行艰苦而漫长的等待。几小时，一天甚至几天，忍受酷热、严寒、蚊叮虫咬，还有生理极限的考验，饥饿、疲惫、困倦纷至沓

来，以超常的耐心悄无声息地等待，一旦目标出现，扣动
扳机，一击必杀。

狙击手定律——

不能一枪毙命，必遭弹雨淋头

　　舆论监督是媒体的利器。国之利器不可以示人，处于耳目喉舌之位的利器同样。因此，搞舆论监督讲究的是精准，就像狙击手。

　　舆论监督难，难于上青天，使人不得开心颜。两层意思：之一，你监督了别人，让有的人不畅快，曝了光，丢了丑，开心不得；之二，看到社会的丑恶现象、执行者的举措失当，有口难言，心有戚戚，愁眉不展。

　　世上有些事，不摊开来是个结，摊开了是个疤。舆论监督之谓也。

　　舆论监督不好搞。搞不好，擦枪走火，伤及无辜，梁子就这么结下了。搞好了，被监督者看起来此次输了，但是，田忌赛马，此次输了，后事难料，梁子也结下了。梁子结就结了，也没什么。关键是，大多数的舆论监督正在进行时就胎死腹中，公开出来的只是一小部分。就是这一小部分，还经常被读者讥讽是"只打苍蝇不打老虎。"

　　其实，"苍蝇"也是不好打的。当发现你在拍照，他们就会砸烂你的相机。如果你在记录，也会撕烂你的采访本，甚至发生肢体碰撞。也有肢体不碰撞的，"形而下者谓之器"，直接用木棒钢筋。"形而上者谓之道"，这就是老虎的威风了，可以找记者的上级，或者上级的上级打招呼，要么就拖、拦、堵，要么是用行政命令压住不准报，必要的时候还扔几颗糖衣炮弹，施以美人计。所以，记者被认为是最危险的职业之一。反观现实，就是有的媒体习惯甜言蜜语，有的媒体喜欢枪林弹雨。

战场上，狙击手非常厉害。据统计，二战时平均每杀死一名士兵需要 2.5 万发子弹。越战时平均每杀死一名士兵需 20 万发子弹，然而同时期的一名狙击手却平均只需 1.3 发子弹。如果发现了狙击手的确切位置，最好的办法是用机枪进行压制，然后让步兵靠近狙击手的藏匿地进行反击。或者以狙击手对付狙击手，有时还动用炮兵和飞机对狙击手的藏身地来个地毯式轰炸。对付舆论监督的手段和这也相差无几，如果记者的监督意图暴露，等待的就是弹雨淋头，饱和式打击。

为何人们对舆论监督如此过敏，见之如瘟神避之如瘟疫？是人们承受力太弱，还是敏感性太强？如果只从监督和被监督双方来考量，就兜进了鸡和蛋谁先有的圈子。拔高一层来看，症结就比较清楚。

工作出了问题，稿件见了报，对当事人来说无异于大祸临头。一监督就"一票否决"，一曝光就"就地免职"，有时问责机制不是问责而是问人，常会产生误杀。位子不保，帽子没了，谁能不怕？说舆论监督是狙击手，首先是瞄准问题，举一反三，改进工作，病灶清除了，肌体就健康了，主旨是"治病救人"，并非"一枪撂倒一个人"。因此，专家认为，要让舆论监督成为媒体工作的常态，就要改变简单的工作方法和形左

狙击手定律

实右的思维方式，不要过于强调归咎担责处理人，而是重在解决问题，改进工作，并以此作为对干部考量和问责的依据。

报纸是社会公器，舆论监督是利器。手握利器而不用，会被读者抛弃。报纸是用我的纸包着你的火，有的是火热的心肠，有的是火爆的脾气，但绝不是火坑。这点心迹，无人能晓。是进亦忧，退亦忧。然则何时而乐耶？

27

海妖定律

塞壬是希腊神话中的美丽海妖，居住在荒僻的海岛上。她长发随风，姿容娇艳，体态优雅，有着天籁般的歌喉，专门以美妙的歌声迷惑航海的人。

每当看见船只驶过，她就唱起动听的歌谣。凡是听到她歌声的水手都会心醉神迷，不可自持地调转船头循着歌声驶去，最后在那片暗礁密布的大海中遭遇灭顶之灾。

她所在的地方早已白骨成堆，而她甜蜜的嗓音总是一如既往地婉转清澈，飘荡在海天之间，无比动人。

海妖定律——

越是致命的东西，越是以动人的面貌出现

对一件事情，怎么报道，如何评论，各个媒体有角度的不同，有水平的不同，但有一样东西相同，就是公信力。公信力是媒体的命根子，所有媒体皆然。

对媒体公信力的绞杀一直没有停止。其表现，有粗暴的，如用职权直接压制；有卑劣的，如用金钱贿赂记者；有温柔的，如用广告投放来对冲。诸法中，最温柔的一刀最具杀伤力。

报道一个单位的丑行，可以用钱来摆平。小丑花小钱，大丑花大钱。大丑往往受害的人更多，关注的媒体更众。没关系，我给你广告，你也别报道，见者有份，是谓"多赢"。这是单位对单位，不是当事人对媒体，追究起来殊属不易。用丑闻消灭丑闻，一件丑闻就这样消弭于无形。有强词夺理者言：谁说是丑闻？丑而不闻不为丑，何丑之有？

美国《财富》杂志总裁讲过一个例子：《财富》杂志曾做了一个IBM总裁郭士纳的封面故事。结果郭士纳总裁很不喜欢这个报道。从那以后，《财富》便再也没有IBM的广告了。

郭士纳能让大象跳舞，他为什么不能让媒体跳舞？他之所以敢如此做，就是因为媒体众多，有众多的挑选余地。你不让我满意，我不投桃报李。虽然我们很不认同他的做法，但我们绝对认同天底下不会只有一家媒体的判断。所以，《财富》的深刻教训大家吸取得很快，尤其是面临巨大经营压力的市场化媒体，经常为了五斗米折弯了腰抬不起头。大家很明白一个道理：郭士纳能让大象跳舞，郭士纳们也能让大家跳舞。

所以，业内有个不成文的"媒体共识"：有一种资源你不能浪费——商业资源；有一种客户你不要得罪——广告客户；有一种进攻很不好防备——商业围剿。商业的力量就是在笑眯眯中把你搞定，在轻言细语中让你受伤。

加拿大女诗人玛格丽特·阿特伍德写过一首《塞壬之歌》，诗中塞壬温柔地唱道：

"请近一些，再近一些，

求求你！救救我！

只有你，只有你能够，

你是我的唯一。"

就是这样一首重复咏唱的歌诗，每每都能够所向披靡，留下海底比比皆是的白骨。

在职场、在官场、在新闻场，"海妖"无处不在。致命的诱惑化身为金钱、名誉、身份、地位、权力和不能兑现的谎言出现。要想让人生之舟、新闻之船顺利航行，需要眼力、脑力和定力。

在希腊神话中，有两位英雄成功地抵御了塞壬的诱惑。一个是阿尔戈英雄中的俄耳甫斯，他让悠扬的琴声盖过了女妖的歌声，同时船后吹来一阵瑟瑟作响的南风，把女妖的歌声吹到了九霄云外；另一位是特洛伊战争英雄奥德修斯，他让手下的海员以蜂蜡封住双耳，为了不聆听塞壬的歌声，他让海员将自己绑缚在桅杆上，从而摆脱了塞壬的引诱。

　　面对现实世界美艳如花的"塞壬"，你可以用蜂蜡封住自己的耳朵，你也可以把自己捆在"船桅"上，或者让自己比塞壬强大。

　　果真如此，你就是英雄，一定会成为传奇。

28

亚夫定律

　　周亚夫是西汉中兴之臣周勃的儿子，将门虎子，一代名将。

　　文帝时，匈奴大入边。亚夫为将军，军细柳。文帝劳军，至霸上及棘门军营，长驱直入，部队前呼后拥相送迎。已而之细柳，军士披坚执锐，弓弩持满。天子先驱至，不得入；上至，又不得入。于是，上乃使使持节诏将军："吾欲入劳军。"亚夫乃传言开壁门。进入军营，天子按辔徐行。亚夫见天子不拜，群臣皆惊，文帝却对其称善者久之。文帝将崩时，诫太子曰："若遇到危急之事，周亚夫可以依靠！"

　　继任者景帝遭遇吴楚七王之乱，周亚夫是平叛主力。周亚夫打仗很勇猛，但是得罪了景帝。

当时，周亚夫的儿子买了 500 件盔甲盾牌，准备作为父亲去世时的随葬品，结果，被人告发。景帝派人追查此事，将周亚夫交给最高司法官审理。廷尉责问："君侯欲反何？"亚夫曰："臣所买器，乃葬器也，何谓反乎？"吏曰："君纵不欲反地上，即欲反地下耳！"亚夫受此屈辱，绝食抗议，五天后，吐血身亡。

亚夫定律——

正面报道过一点没关系，批评报道错一点不得了

过去读王维《观猎》诗，看到"忽过新丰市，还归细柳营"这一联，总觉得胸中之气层层跌宕，瞬间生出豪情侠意。新丰美酒斗十千，细柳营前著豹裘，相当的快意。

然而，很多东西不能深究，历史在细看之下，往往很不堪。一代名将、贵为王侯者如周亚夫，最后竟至饿死。岂止历史，当下的很多东西一样不能深究，譬如新闻。

教科书上说，新闻是对新近发生的事实的报道。这个经典定义概括了新闻的共性。就其个性而言，新闻千姿百态。有的新闻有温度，可以折射出人情冷暖；有的新闻带感情，可以体味到人心褒贬。

人都喜欢听好话，这是人性的弱点。闻过则喜，说说而已。新闻是社会的镜子，对待新闻的态度，折射出人内心深处的东西。记者都知道，搞正面报道，一般比较受欢迎。写批评稿，大多吃力不讨好。

在大众的意识里，正面报道就是颂扬或宣传成绩类报道。一般来说，表扬一个人、一个单位或地区，往人脸上贴金，总归不是坏事，至少不会引起反感。所以，在写稿的时候，任意拔高、随意放大的现象很普遍，七分成绩说成九分，有时粉饰加工、移花接木，经常有滑入假新闻泥潭的危险。正面报道中

假新闻虽然不普遍，但是多擦二两粉还是有的。只不过作为被报道者，出于种种考虑，未必愿主动纠正；而作为媒体，民不举官不究，也就蒙混过关了。就是不小心穿了帮，也会因为动机和效果的无恶意而被免于追究。

至于负面报道，因其具有杀伤力，对单位的形象、对当事人的升迁影响巨大，被批评单位往往找出各种理由搪塞和抵制，甚至对记者个人进行攻击或者通缉，有的还动粗。监督之难，难于上青天。如此环境之下，一些媒体只好"明哲保身"，将避祸趋利作为生存手段，媒体多以灶神爷的面目出现——多言好事，只报平安。如此下来，可能会得到某些单位的满意，但是，难以获得公众的尊重。

无怪乎有人说，我们有些媒体习惯好话可说千百遍，不习惯咬耳红脸出出汗。我们应该对正面报道实事求是，对批评报道也敢于直言，营造清朗的舆论环境。

29

东方朔定律

　　东方朔性格诙谐，滑稽多智。《汉书》记载了这么一个故事：

　　一个三伏天，汉武帝下诏，将宫中的肉赏赐给侍从。但是，负责分肉的大官丞却迟迟不来。东方朔就自己拔剑割了一块肉，并对同僚们说："大热天的，应当早点回家，否则肉容易放坏，大家快快接受皇上的赏赐吧！"说完就带着肉回家了。第二天，那个大官丞在皇帝面前奏了东方朔一本。东方朔来后，武帝问："昨天赐肉，你为何不等诏令下来，就擅自用剑割肉，说说这是为什么？"东方朔脱帽跪谢请罪。汉武帝说："先生起来，做个自我批评。"东方朔再次表示认错，说："东方朔呀东方朔，接受赏赐却不等诏令下达，你这是多么无理啊！拔出佩剑割肉，这

是多么豪壮啊！割肉不多，又是多么清廉啊！回家送肉给
妻子品尝，又是多么仁爱啊！"

　　汉武帝听后，忍俊不禁："要你做个自我批评，你倒
自己表扬起自己来了！"于是又赏赐给他一石酒，一百斤
肉，让他拿回家去送给妻子。这就是成语"归遗细君"的
来历。

东方朔定律——

反面文章正面做，批评报道像表扬

　　反面文章正面做，就是将反面的事情做成了正面的文章，从不好的问题中写出了好的精神。按理说，这是积极的思维模式，是乐观主义的做派。实际上，当事人对所谓的"批评报道"避之不及，总是要求对负面新闻进行正面处理。出发点是，如果控制不了事实的发生，那就控制不要到处都是骂声。

　　趋利避害、喜听好话是人之天性，或许有一天到晚喜欢骂人的人，但谁都不喜欢一天到晚被人骂。闻过则喜之所以受到推崇，皆因是稀缺品质。正如世界上没有百分之百的好事，也没有百分之百的坏事一样，自然灾害、人为灾难总是相互交织。有正面新闻，就一定有负面新闻。正面和负面是世界的一体两面，都有传播价值。

　　负面新闻能引起积极和消极两种截然不同的传播效应。积极的一面是能让人有所借鉴、启迪和预防，防止类似的事件在自己身边发生。消极的一面是破坏人的情绪，瓦解人的心理防线，让人失去信任感，让悲观、失望、怀疑等负面情绪蔓延。

　　我国的新闻事业坚持以正面宣传为主的方针，弘扬主旋律，传递正能量。但是，现在对负面新闻的报道不敢触碰、不愿触碰成为一个突出问题。一方面，事发单位不愿意"亮短"。另一方面，新闻单位不敢"揭丑"。还有一方面，有关部门怕

"失控"。

其实，关键是把握好"时度效"。把握得不好，正面报道不一定带来好结果。把握得好，负面报道带来的结果也不一定差。有专家认为，我们要澄清认识上的误区：负面报道不是负面影响。我们要扫除行动上的盲区：不要因为"恐负"而屏蔽所有"负面报道"。报与不报、怎么报道，要以党、国家和人民的根本利益为准绳。

历史和现实都告诉我们，舆论的力量绝不能小觑。舆论导向正确是党和人民之福，舆论导向错误，是党和人民之祸。好的舆论可以成为发展的"推进器"、民意的"晴雨表"、社会的"黏合剂"、道德的"风向标"，不好的舆论可以成为民众的"迷魂汤"、社会的"分离器"、杀人的"软刀子"、动乱的"催化剂"。

有正面报道，一定有负面报道；有表扬报道，一定有批评报道。有"反面文章正面做"，也有"正面文章反面看"。鲁迅先生曾经写过一篇《推背图》的文字，他从"此地无银三十两""隔壁阿二勿曾偷"的坊间笑话，让人理解"正面文章反看法"；但我们日日所见的文章，却不能这么简单。有明说要做，其实不做的；有明说不做，其实要做的；有明说做这样，其实做那样的；有其实自己要这么做，倒说别人要这么做的；有一声不响，而其实倒做了的。

读者的需求是真实的，读者的眼睛是雪亮的。东方朔是作者，汉武帝是读者。武帝初即位，征天下方正贤良文学材力之士，东方朔上书吹嘘自己曰："目若悬珠，齿若编贝，勇若孟贲，捷若庆忌，廉若鲍叔，信若尾生。"他认为像他这样的完人，可以为天子大臣矣。

汉武帝何许人也！看到东方朔这样不谦虚，就令他待诏金马门，但是给的俸禄很少，也不接见他。当然，东方朔还是有才。有才就像有孕，时间久了，一定会让人看见。这不，汉武帝后来终于认识到他的"正面价值"，"遂得爱幸"。

30

周处定律

周处年少时，凶强邪性，臂力过人，州里乡曲之人患之。当时，山中有猛虎、水中有恶蛟，并皆暴犯百姓，人们谓为"三横"，而周处为害尤烈。有乡邻怂恿他杀虎斩蛟，大家的如意算盘是，"三害"互搏，哪怕少一个祸害也是好的。

周处上山杀死老虎，又下河斩杀蛟龙。蛟龙在水里载沉载浮，行走数十里，周处一直与之缠斗，也在水里游了数十里。经过三天三夜，乡里人都以为周处已经死了，大家欢欣鼓舞，奔走相告。当周处终于杀死蛟龙从水中出来时，看到乡亲们以为自己死了而互相庆贺，才知道别人特别厌恶自己。他非常震惊，"乃慨然有改励之志"，于是发愤改过自新，最终成为刚正清廉的忠臣良将，战死沙场，马革裹尸。

周处这样的人物，两头都冒尖：青少年时坏透顶，改
过后好到底。

周处定律——

生活中的好人，网络中的坏蛋

互联网戾气多。看一下评论区，很多是骂街低俗之语。一言不合就开吵，一言合也长不了，最后还是以吵骂收场。

互联网是名利场。有人争名夺利可以无所顾忌，如江湖做派。流量就是一切，为了增粉吸睛，格调可以不要，礼貌可以不要，当然，脸一定也不要。

互联网是角斗场。网友彼此针锋相对，动不动就互相攻讦，极端情绪与负面表达不断增多。很多时候，甚至都想不通到底在吵什么，为什么乐此不疲，甚至不惜人身攻击。只想表达情绪，喷出墨汁，把水搅浑。

互联网是垃圾场。似乎网络上的每个人都像炸药包，点一下就爆炸，自爆的也不少。有时想刷机看看自己感兴趣的内容，不料刷了一个小时手机，具体内容记不得，心中却装满了焦虑和愤怒。

更让人无可奈何的是，无论好事坏事，都有人说好说坏，没有统一的标准和共同的价值观。很多经不起推敲的观点，都能得到普遍赞同。一个事件即使明白无误地公布细节，仍有不少人就是不相信。人们在乎的早已不是真相，而是真相是否符合自己的预期。符合的，对他们而言，就是真的；不符合的，对他们而言，就是假的。是情绪而非理性，主导了网上争论的大部分，争吵多偏见多反思少，在这种环境下，不仅不同的声音变得很难相处，连真相本身也变得不再重要。

更有无处不在的极端思维。有一个专有的心理学概念叫"极化"，就是说一个人一开始有某种倾向，在和人交流后，沿着这种倾向继续发酵，最终变得极端。我们很容易在网络的互动中，感受到"唯我独尊"的思维："我是对的，与我不同的，都错。"调查发现，人们通过网上交流走向极端的可能性是现实中的两倍。

网上的人都对应着现实中的人，却不对应网言网语和现行现实的一致，有人在截然不同的世界里变成自己曾经厌恶的样子。很多时候，现实中的天使，可能是网络里的魔鬼。网络上的喷子，现实生活中可能谨言慎行。这是典型的二律背反，正反命题、网上网下都被自身证伪，现实和网络撕扯割裂。

这个世界上没有一个模子刻出的好人和坏人，平时大家都是普通人。但是一到网上就变坏，所以才可怕，因此才不能掉以轻心。

面对网络戾气，面对非黑即白、非此即彼的极端思维，面对负面情绪，很有必要"消戾打非减负"。不是人人都能成为周处，但有则改无则勉的行为总是人人可以做到的。

祢衡定律

动荡年代，容易出名人。譬如东汉末年，群雄并起，有乱世的枭雄，有旷世的奇才，有绝世的美人，有傲世的狂狷之士，祢衡可算当时狂者第一。

祢衡年轻就暴得大名。名显时 24 岁，身灭时年不过 26 岁。他少年时就表现出过人的才气，记忆力好，善写文章，长于辩论。出道后，"恃才傲逸，臧否过差，见不如己者不与语。"关键是他傲视王侯，敢于骂人，到曹操那儿骂曹操，到刘表那儿骂刘表，到黄祖那儿骂黄祖，谁是领导就骂谁，击鼓骂曹说的就是他。

话说祢衡受到举荐，被曹操拜为鼓吏，在大会宾客时阅试音节，他当着满朝文武的面大演脱衣秀，一丝不挂羞辱曹操。后着粗布单衣去谢罪，手拿三尺木棒，坐在大营门口，以杖捶地大声骂街。曹操怒送之刘表，祢衡继续发威。刘表送之黄祖。有次，黄祖在艨冲船上大宴宾客，而衡言不逊顺，黄祖喝令拉出去打屁股。祢衡死死盯着黄祖说：个死老东西，你怎么还这么啰唆？（"死公！云等道？"）黄祖怒发冲冠，遂令砍了其项上人头。

祢衡定律——

不是动静越大，监督效果就越好

　　舆论监督很难，难就难在被曝光者往往会想尽办法应对。极端的例子是，《经济观察报》记者仇子明先生，因报道上市的凯恩公司内部关联交易，被浙江丽水遂昌县公安局以"损害公司商业信誉罪"为名在网上通缉。有人评论说，这并非对一个记者的通缉，而是对舆论监督的通缉。毕竟，受了批评，没人能做到欢天喜地，古往今来，莫不如此。

　　在权威政体下，舆论监督更多受到权力的限制；在民主社会，它更多受到利益的牵引。监督者和被监督者既是猫，也是老鼠，有时是互为猫鼠。现在有的媒体搞舆论监督，总希望把动静弄大点，用十八般武艺来造势。事情弄大了，一则被监督者的单位和他的上级会重视，有利于促成结果，二则提高了媒体的社会知名度，有利于自己的江湖地位。细察之下可以看出，媒体的公正心和功利心兼而有之。

　　虽说一个社会对舆论监督的容忍度有多大，表明这个社会的进步就有多大。但是，怎样进行舆论监督还是有方式方法的，媒体应该学会讲究时度效。

　　舆论监督有技巧，监督的艺术贯穿于采写编发的全过程。采访时迂回曲折，写作时字斟句酌，编辑时增删取舍，发排时匠心独运，要注重舆论监督和社会效果相统一，既要敢于监督，又要善于监督。如果为图一时之痛快，不讲监督策略，有时带来的后果是负面的甚至是灾难性的。

现在媒体从业人员有种心理，认为自己是正义的化身，弱者的代言人，为了被侮辱与被损害的，拍案而起，充当社会"判官"，因而出现"媒体执政""媒体审判"和"媒体霸权"的现象。其实质就是以舆论的力量，与其他社会监督形式争夺话语权，因此常常越位。其实，原则一直都有。这个原则就是："党和政府明令禁止"和"人民群众深恶痛绝"。只是我们一激动，就失去了专业水准。

有人问哲学家奥佛拉斯塔："在交际场所一言不发好不好？"奥佛拉斯塔回答："假如你是傻瓜，那么一言不发是聪明的；假如你是聪明的，一言不发是愚蠢的。"此话用在舆论监督上一样通顺，没有不能监督的事，只是看你怎么监督。努力提高监督艺术，尽量使舆论监督做到既得力，又得当，还得法，是媒体的必修课。

这点上，祢衡教训深刻。

祢衡属于智商高、情商低的那类人。刚到许昌时，口袋里揣一名片，字都磨掉了，还没找到工作（字漫灭而无所适）。整个曹营里，他只看得上两个人——"大儿孔文举，小儿杨德祖。"其他人只是酒囊饭袋耳。最喜人身攻击，出言不逊，辱及诸将，把众人恨得牙根痒痒的。其实，从他留下的代表作——《鹦鹉赋》来看，只不过是篇鸟文章，算不上国典朝章。

按照现代标准，祢衡只是个网络雷人。

不能为人所用的人才算人才吗？如果是，祢衡就是；如果不是，祢衡就不是。不过话说回来，现在祢衡式的人还少吗？简直了。

神农定律

32

远古时候，天苍苍，野茫茫，地平线上蹒跚走来人类先民。

当时五谷和杂草长在一起，香花和毒草分辨不清，人们主要靠狩猎为生，茹毛饮血，茹草饮水，食物没有保障，又多疾病、毒伤之害。于是神农帮助人们播种稻、黍、稷、麦、菽五谷，制作农具，教人们耕种和收割。

为了治疗疾病，他对各种植物的根、茎、叶、花、果皆口尝而身试之，看它们是苦是甜，是寒是热，观察他们的寒、温、平、热之性状，辨别他们君、臣、佐、使的组方原则，帮助人们寻找抵抗病痛的办法。一日之间而遇七十毒，一天之内百死百生，最后摸清草木之性状，水泉之甘苦，令民知所避就而病痛有所疗愈。

一次，神农尝试了"断肠草"，不幸中毒身亡。

神农定律——

嘴上功夫，事关百姓祸福

宣传思想文化工作从本质上讲就是群众工作，它为党和政府架起与人民群众之间信任的"桥梁"，也是将党的路线方针政策转化成人民群众改造客观世界物质力量的"纽带"。

改革开放以来，党的最高领导人都对新闻工作作出了重要指示。邓小平要求，党领导的新闻媒介要正确引导舆论，成为国家安定团结的思想中心。江泽民提出舆论工作"祸福论"：舆论导向正确，是党和人民之福；舆论导向错误，是党和人民之祸。胡锦涛提出"以人为本"的新闻舆论工作宗旨。习近平总书记要求广大新闻舆论工作者做党的政策主张的传播者、时代风云的记录者、社会进步的推动者、公平正义的守望者。

基层工作者要练好"嘴皮子"，记者更要练好"嘴皮子"。基层干部练好"嘴皮子"，就有了做群众工作的"敲门砖"。记者练好"嘴皮子"，就能写出读者念念不忘的好稿件。

对于记者来说，练好"嘴皮子"，就是练好"笔杆子"，多走多听多学多写是不二法门。多走就是多到基层一线，多听就是接纳各种信息并慎思之明辨之，多学既要学书本也要向实际学习，多写就是笔墨不停、出稿不断、出镜不止。

做好宣传工作必须有两把刷子，要充实"脑瓜子"、写硬"笔杆子"、练就"嘴皮子"，成为懂宣传、懂意识形态工作的

"行家里手"，不断提高宣传工作能力，造福百姓。祸从口出，福也同样。舆论导向，事关百姓祸福。如果不开口，不动手，永远危机四伏。只有迈开腿，放开嘴，才能找到新的疆域，新闻工作者要做新时代的神农。自然科学和社会科学有相通之处，就是实践出真知。古代和现代也一脉相承，就是在尝试中创新。

有百战而封神的，谓之战神；有尝百草而成神的，谓之农神。屠呦呦发明青蒿素，被誉为"现代神农"。为了治疗疟疾，美国人筛选了 25 万种化学制剂，我国最精尖的科研部门、七省市的科学家试过几千个方药都没成功。屠呦呦他们在 2 000 个药方的基础上，从中筛选出 640 个可以治疗疟疾的药物为主的单方验方，其中包括青蒿。一天，当她读到东晋葛洪撰写的《肘后备急方》时，其中一句话猛然提醒了屠呦呦："青蒿一握，以水二升渍，绞取汁，尽服之。"屠呦呦反复实验，最后发现青蒿药材含抗疟活性的部分是在新鲜的叶片里，而非根、茎部位；最佳的采摘时节是青蒿即将开花的时刻。屠呦呦的发现，挽救了数百万人的生命。2015 年，屠呦呦获得诺贝尔生理学或医学奖，让中国的医药学在世界的医药史上留下了厚重的一笔。传媒界应该从中受到启发。

神农氏时代完成了从游牧到定居，从渔猎到田耕的历史转变，实现了从蒙昧到文明的过渡，从旧石器时代向新石器时代的跨越。

神农不神，死于毒草。神农很神，让黎民百姓活了个清楚明白。

桃叶渡定律

　　渡以事著称，谓之"史渡"。黄帝战蚩尤，风后在这里发明"指南车"，因此得名风陵渡。周武王伐纣，师渡孟津，因此有渡名叫孟津渡。

　　渡以诗闻名，谓之"诗渡"。白居易的"汴水流、泗水流，流到瓜洲古渡头"，陆游的"楼船夜雪瓜洲渡，铁马秋风大散关"，王安石的"春风又绿江南岸，明月何时照我还"，这自然是瓜洲渡。

　　也有"爱情渡"，最典型的，当属桃叶渡。

　　古都金陵有两个桃叶渡。一个位于城南秦淮河与古青溪水道合流处附近，又名南浦渡；另一个则在浦口东门桃叶山下，也称晋王渡。南浦渡与东晋书法家王献之有关，晋王渡则与隋炀帝杨广有关。

传说王献之的爱人叫"桃叶"，她经常往来秦淮河两岸。王献之放心不下，常常在此渡口迎送。君看一叶舟，出没风波里，为之作《桃叶歌》，远近传唱。流水落花送卿去，花落水流迎卿还。此渡口从一个寂寂无闻的野渡，摇身一变而为"网红"渡口。久而久之，"南浦渡"本名旁落，"桃叶渡"闻名遐迩。

桃叶渡定律——

提取关键信息，开展形象传播

美人不一定让人记得住，有故事的美人，一定记得住。

樱桃樊素口，杨柳小蛮腰。唇红齿白，腰肢细软。樊素与小蛮，成为公众记忆中永不凋零的美好。闭月羞花，沉鱼落雁。中国的四大美女，人之所美也。鱼见之深入，鸟见之高飞。能口口相传的，都是萃取了独特的要素，暗合了人们心底的愿望。

人如此，城市更如此。

随着全民传播时代的到来，"城市形象"突然成为传播热词。各大城市在网络上轮番登场，希望以良好的城市形象吸引投资者，吸引消费者，吸引全世界的目光。然而，人的记忆力有限，加上喜新厌旧的心理作怪，一个城市还没有记住，另外一个城市就闯进人们的视野，接着又有城市带着新的特色来袭。新事实擦去旧记忆，层层碾压，最后剩下的，还是那几个经过时间洗礼的城市。

譬如，说起兵马俑，自然就是古城西安。提到故宫，当然是北京。想起黄鹤楼，非武汉莫属。这是由物及城。

音乐响起，《请到天涯海角来》，肯定是海南岛。《鼓浪屿之波》，当然是厦门的鼓浪屿。《东方之珠》是香港,《七子之歌》是澳门,《冬季到台北来看雨》是台北。以歌曲传递城市形象的成功案例非常多。

喜爱古诗文，也会爱上一座城。读《岳阳楼记》，除了记得范仲淹，当然记住了岳阳。《滕王阁序》除了初唐四杰的王勃，一定是南昌。"姑苏城外寒山寺，夜半钟声到客船"，记住了苏州。"浔阳江头夜送客，枫叶荻花秋瑟瑟"，记住了九江。"十年一觉扬州梦，赢得青楼薄幸名。""襄阳好风日，留醉与山翁。""邯郸驿里逢冬至，抱膝灯前影伴身。"城市都在诗词里，这样的例子好多。更有以故事取胜的城市，多到数不胜数。洛阳、开封、北京、成都都如此。

城市形象的传播，一首歌一首诗一段故事，或者综合各种要素成为唯一，都是好办法。其目的，就是占领记忆，抵抗失忆，争取回忆。很多人没有见过，但是知道。很多地方没有去过，但是知名。

秦淮河上的这个古渡，因桃叶而改名，又因王献之而穿越1700年到如今。当才子佳人在岁月的长河中渐行渐远，只有古渡口依稀记得遥远的曾经。很多人记住了桃叶渡，皆因对爱情的向往。

至于王献之写的几首《桃叶歌》，个人认为，实在不敢恭维。你看："桃叶映红花，无风自婀娜。春花映何限，感郎独采我。""桃叶复桃叶，桃树连桃根。相怜两乐事，独使我殷勤。""桃叶复桃叶，渡江不用楫。但渡无所苦，我自迎接汝。"这都什么嘛。同样是"南浦"，看看人家江淹，《别赋》里有这样的名句："春草碧色，春水绿波。送君南浦，伤如之何。"

桃叶渡旁的老宅是吴敬梓的故居。吴敬梓对桃叶渡就有批评的意味："世间重美人，古渡存桃叶。"当然，无论诗文的优劣，王献之的字是一流。写诗不行写字行，说话不靠谱做事靠谱。所以，王献之迎送桃叶的名人效应至今还在。

因此，城市形象，有好故事才有好传播，有好命名才能永流传。江山形胜，更靠人文。

34

无间道定律

　　港产系列警匪片《无间道》以其紧凑刺激的剧情获得了观众的喜爱。在《无间道Ⅱ》中，黑社会老大之一、男主人公倪永孝之父被杀之后，他二姐引用他们父亲的一句话说："出来跑，迟早是要还的。"

　　其后，这句话多次在影片中出现，将江湖恩怨、因果轮回演绎得淋漓尽致。

　　其后，这句话多次在社会中出现，将职场恩怨、祸兮福兮表现得惟妙惟肖。

无间道定律

无间道定律——

要报一起报，不报都不报

"出来跑，迟早是要还的！"在道上跑的人都明白这个理儿，并不只有黑社会才这样。只是还的方式多种多样。可能是别人还你，也可能是你还别人；可能是预先还，也可能是事后还；可能是还好事，也可能是还不好的事。总之，一报还一报，理所当然。出来跑的代价，就是如此。如若犯此，天下共击之。

记者跑口基本上是按照政府的行业管理而来的，政府有多少个部办委局，记者就要覆盖多少，不能有遗漏。记者跑口的体制从何时起成型，已无从考证。但是，从国内到国际已然普遍存在，却是一种现实。

在跑口记者中存在一种"结盟"现象，一个口形成一个圈子，同一个口的各报各台各网端记者有事情大家会互相通知，有信息大家会互相共享，甚至发展到轮换写稿子，代替领红包。入得这个圈，就要懂得这样做。你给我提供条线索，我给你一篇稿件。你今天不告诉我消息，后天你也甭想从我这里得到任何信息。

互通有无是记者圈中维系友谊的基本纽带之一。刚入道的记者，尤其是年轻记者，两眼一抹黑，消息来源、人脉关系都要建立。入道第一步就要先认路拜师，政府主管部门要拜，同行中的前辈要拜，并肩战斗的"牛"记者要拜，傍上这些大家高手，就可以省很多事。第二步就要投桃报李。自己跑到的消息，要透点给别人。如果总是要而不还，你在圈子中立不了足。如果有重大新闻你总是藏着掖着不告诉同行，你的名声就会在圈子中迅速烂去，你就成了孤家寡人，所有的门都会向你关上。

造成这种"记者串联"现象的原因其实还在新闻单位本身。为了追求独家新闻，各个单位都制订了严格的处罚措施，每天的评点监测都把同城媒体作为假想敌，人无我有是应该，人有我无是漏报，人好我差是万万不该。经过长期博弈之后，记者们就成了一致行动人，要报一起报，不报都不报；向前看，齐步走；向后转，不停留。在新闻生产线的前端，信息是互通的，在生产线的末端，各编辑部之间是封闭的。无形之中，就有了现在的千报一面、万网同源的格局。以至读者怀疑，所有的新闻都是通稿。

"出来跑，迟早是要还的！"媒体如果内容雷同，人云亦云，最后一定会被读者抛弃；如果内容不同，特立独行，最后一定会被同行踢走。求活之道在于形成独特的风格，在于个性化生存。"只有偏执狂才能生存"——英特尔公司创始人、前任总裁和CEO安迪·格鲁夫的这一名言依然振聋发聩。

35

阿Q定律

　　赵太爷家遭抢之后，阿Q在半夜里忽被抓进县城里去了，再次提堂时就被定了死罪。

　　一个长衫人物拿了一张纸，并一支笔送到阿Q的面前，指着一处地方教他画花押。阿Q伏下去，使尽了平生的力气画圆圈。他生怕被人笑话，立志要画得圆，但这可恶的笔不但很沉重，并且不听话，刚刚一抖一抖的几乎要合缝，却又向外一耸，画成瓜子模样了。阿Q正羞愧自己画得不圆，那人却不计较，早已掣了纸笔去。

　　阿Q这次倒也并不十分懊恼。他以为人生天地之间，有时要在纸上画圆圈的，惟有圈而不圆，却是他"行状"上的一个污点。但不多时也就释然了，他想：孙子才画得很圆的圆圈呢。

阿 Q 定律——

新闻是个圈，大家比着画

新闻圈里没秘密，事以密成、语以泄败的情况极少发生，一招制敌的事也不存在。统共就那么几个招式，今天你用了，明天我也用，最后大家都明白了，断不会发生专利纠纷，更不会对簿公堂。

如果说新闻圈是个"很圆的圆圈"，那也不尽然，相互攀比还是有的，羡慕嫉妒恨也一直没断绝。每天各家媒体必做的一件事，就是监测同城的报纸、网络，看看自家漏掉了什么新闻，哪些新闻没做好，哪些可以沾沾自喜，哪些可以亡羊补牢。两只眼看现实，一只眼看同行，新闻要睁三只眼。这么一比，就发现新闻圈是个"瓜子模样了"，叹息一声或者懊恼一下，不多时也就释然了，明天接着画。

"借鉴"是新闻圈里使用频率很高的一个词。报纸经常改版，改版就要借鉴别人的长处，超粗黑的标题、大幅的照片、导读的头版，改版最后变成改版式。版式无专利，借来鉴去，长得都差不多，仿佛都是从医美回来的模样。

不只是版式，写作也差不多。天下文章一大抄，大家都心知肚明。我国新闻界都知道"新华体""人民腔"。这种写作体式几乎成了我国新闻界的传统特色，尤其是在主流媒体中源远流长，根深蒂固。人民日报负责人曾经尖锐地指出，在日益激烈的新闻竞争中，在纷纭复杂的舆论场里，仅仅有导向的正确性和权威性，而没有导向的影响力和公信力，我们秉承的"主流话语体系"，就面临着被边缘化和空壳化的危险。

于是将眼光向外看，借鉴华尔街日报体。华尔街日报体从小处落笔、向大处扩展，感性、生动、好看，受到读者欢迎。国内研究这个体例的书很多，有人甚至总结出"华尔街日报体的公式"。可是，学下来，只在文字的开头有"她笑着对记者说""他擦了一下脸上的汗说"等皮毛，并没有学到精髓。华尔街日报体的关键是艰苦细致的采访和主题的提炼，只有身入才能深入，只有现场才能生动。功夫在诗外。

喜欢比画的不只是纸媒，网媒、电媒似乎更不落人后。有超女，就有快男。《我们约会吧》《非诚勿扰》《为爱向前冲》三档婚恋交友节目，形式内容基本如一。看了之后给人的感觉，中国过剩的不只是物质，还有剩男剩女。

未庄的阿Q显然是剩男，虽然连饭都吃不饱，可是想法很多，受了屈辱之后，总能找到排遣的法子。这不，他被"假洋鬼子"打了头之后，对面走来了静修庵里的小尼姑。"我不知道我今天为什么这样晦气，原来就因为见了你！"阿Q迎上去，大声地吐一口唾沫，小尼姑全不睬，低了头只是走。阿Q走近伊身旁，突然伸出手去摩着伊新剃的头皮，呆笑着，说："秃儿！快回去，和尚等着你……""你怎么动手动脚……"尼姑满脸通红地说，一面赶快走。阿Q扭住伊的面颊："和尚动得，我动不得？"

看看阿Q的行事做派，阿Q是我们的熟人朋友同行，其实，阿Q根本就是我们自己。

苦李定律

　　王戎是西晋"竹林七贤"中年龄最小的一位，他自幼聪慧，风姿秀彻而身材短小。据说有一项特异功能，能直视太阳而目不眩晕。

　　王戎七岁，尝与诸小儿游。见道边李树多子折枝，诸儿竞走取之，唯戎不动。人问之，答曰："树在道边而多子，此必苦李。"取之，信然。

苦李定律——

一窝蜂去争抢的东西，到手来不一定是好果子

我国媒体工作者的任务，简要言之，其实就是两项：开展宣传、报道新闻。

宣传工作中，规定动作比较多。一年有总任务，一段时间有重点，一周有报道要求，还有各种重大人物典型，各种节庆报道提醒，这些都属于规定动作，要求大家一同"采摘"。

日常新闻报道中，基本是自选动作。大家根据各自供职媒体的形状，进行各具特色的策划、采编。按理说，这才是最容易出彩，最容易受读者青睐，也最容易加分的项目。然而，思维惊人地趋同，导致行为惊人地相似。特别是一些突发事件，所有新闻单位悉数到场，"诸儿竞走取之"。

思维的相同相似，带来了结果的相差无几：

接见没有不亲自的；进展没有不顺利的；

完成没有不圆满的；成就没有不巨大的；

工作没有不扎实的；效率没有不显著的；

事情没有不瞩目的，会谈没有不坦诚的；

反对没有不强烈的，交涉没有不严正的；

完成没有不超额的；竣工没有不提前的；

……

这就造成了现在千报一面、万网同源的困局。新闻没看

头，读者不满意。新闻是社会的记忆，历史的草稿。媒体不能成为新闻流水线。

如何攻难克艰？王戎观察问题的能力和求异思维值得学习。

诸葛亮一生唯谨慎，他的空城计让司马懿不攻自退；孙权草船借箭，让曹阿瞒喟然长叹："生子当如孙仲谋！"历史上，求异思维大多都能留下印记。运用到新闻上，也常能让人耳目一新，摘到好果子。

新华社好新闻《布谷鸟，你不要再叫了！》也是一个经典的案例。记者去陕西报道八百里秦川的夏收形势，收集了很多材料却无从下笔。第二天凌晨，他忽然听到布谷鸟的叫声，由此联想到民间关于布谷鸟催收催种的传说，联想到当今农民高涨的生产热情，联想到夏收夏种搞得又快又好，整个八百里秦川，小麦已割完，夏种已结束，布谷鸟，你还催什么呢？于是就以布谷鸟为主线，生动报道了夏收夏种的形势，并含蓄地告诉那些反对责任制的人：在事实面前，你们不要像布谷鸟一样叫了。

记者面对共同采访的新闻和共同的主题，不是不要行动，事实上，王戎也走到了现场。只是王戎在冷静地分析和判断，得出了与众不同的结论。

37

候鸟定律

候鸟是指有迁徙习性、随季节变化有规律地来往于越冬地与繁殖地之间的鸟类，它们沿着纬度南来北往。

候鸟可分为夏候鸟和冬候鸟两种。夏候鸟指在春夏季飞到某一地区筑巢安家、生儿育女，幼鸟长大时，正值深秋，它们又陆续飞往南方较暖地区越冬，至次年春季又飞临这一地区繁殖。对该地区而言，这类鸟称夏候鸟。如家燕、杜鹃、黄鹂等。冬候鸟指冬季在某一地区越冬，次年春季飞往北方繁殖，幼鸟长大后，正值深秋，又飞临原地区越冬。对该地区而言，这类鸟称冬候鸟。如鸿雁、天鹅、野鸭等。候鸟飞行距离有近有远，最远的如北极蓝鸥，每年在两极之间往返一次，行程数万千米。此外，也有极少的候鸟可由西往东飞行，或由东向西飞行。

与候鸟相对的是留鸟，一生不离出生地。有的鸟，比如乌鸦，夏居山林，冬居平原，它们是漂鸟。在繁殖地和越冬地之间看到的鸟，则为旅鸟。还有一些鸟类，由于狂风等气候骤变而迷失方向或其他原因，出现在本不该出现的区域。这些鸟类可能好几年才被发现一次，它们是迷鸟。

候鸟喜欢迁徙结群，在迁飞时有固定的队形。一般雁形目的鸟、鹭、鹳、鹤等体型较大的鸟通常采用人字形或一字形；雀形目等体型较小的鸟在迁徙中常采用封闭群，如虎皮鹦鹉、灭绝前的旅鸽等，常常上万只，迁徙时铺天盖地，经日不绝。

全球每年有数十亿只候鸟进行洲际迁徙，世界八大迁徙路线中有三条经过中国。这些从北到南的"迁徙通道"，就是鸟道。迁飞在鸟道中的候鸟，来去的时间地点很有规律，飞行路线可期。

候鸟定律——

每年都在相同的版面频道，报道主题相同的各种新闻

　　移民城市深圳，有一批闻名全国的"候鸟老人"。这些老人的子女在深圳，冬天他们从冰天雪地的老家来到深圳，来年春暖花开又飞回老家。

　　或许是受到启发，深圳本地的退休老人，也生出了"候鸟"习性。他们冬天去更南的三亚享受阳光、沙滩和海水。海南非常重视这些"候鸟老人"，把这些"候鸟老人"视为海南的重要财富，同时要利用"候鸟老人"的智力资源。

　　每年的冬春季节，报纸上一定会出现这些"候鸟老人"的"候鸟新闻"。第一次看到这类新闻的时候，很是关注。一而再、再而三看到这类新闻时，心情如同看迁徙的候鸟。

　　这类"候鸟新闻"，新闻界有个传统的术语叫"四季歌"。

　　唱"四季歌"似乎是个绕不过去的问题，这类新闻在各种媒体中占有相当大的比例，几乎关联到所有的行业。

　　农业报道中的春耕夏种，秋收冬藏。

　　工业报道中的产品产量，同比环比。

　　教育报道中的开学、考试、放假、毕业。

　　节庆报道中的1月1日元旦，2月2日世界湿地日，3月8日妇女节，4月5日清明节，5月1日劳动节，6月1日儿童节，7月1日建党节，8月1日建军节，9月10日教师节，10月

1日国庆节，11月8日记者节，12月1日艾滋病日，不"节"如缕。

还有各种固定的会议报道、大型活动的报道等。

各单位各部门也有这类"候鸟新闻"。春季下发严禁公费旅游，夏季下发严禁公费出国，秋季下发严禁公车私用，年底下发严禁突击花钱，春节下发严禁公款送礼。

每年都是规定动作，季节更替轮回，掌声按时响起。有的稿件，只要换个时间和数字，照样可以发表，体现在新闻里是"似曾相识燕归来"。

"四季歌"成了媒体的保留曲目，被一代又一代的新闻人唱成了怀旧经典。

燕子飞走了，大雁又来了，"天空中没有翅膀的痕迹"。可是版面上、节目里、频道中出现的同题新闻却大量存在，"候鸟新闻"成了媒体的留鸟，记者写着写着就失去了激情，读者看着看着就失去了新鲜感，记者找不到方向，变成"迷鸟"。

当然，"四季歌"还是要唱的，就像候鸟注定要迁徙，关键是要唱出新音，飞出新姿。鸟可以依时来回，要点是雏凤清于老凤声，"新记"应有超越"老记"的心。

创新是一个民族进步的灵魂，"候鸟新闻"同样要与时俱进。

38

画蛇定律

　　《战国策》里记载了一个让人们至今耳熟能详的故事。

　　古代楚国有个贵族，祭祖之后，把一壶酒赏给自己的门客。门客们互相商量说，只有一壶酒，"数人饮之不足，一人饮之有余。请画地为蛇，先成者饮酒。"

　　有一人最先把蛇画好了，他拿过酒正要喝，却又得意洋洋地左手拿着酒壶，右手继续画蛇说："我能够再给它添上几只脚！"可没等把脚画完，另一个人已把蛇画成了。那人把酒壶抢过去，说："蛇本来是没有脚的，你怎么能给它添脚呢？"说罢，便把壶中的酒喝了下去。

　　那个给蛇添足的人最终失掉了到嘴的一壶老酒。

画蛇定律——

不突破思维定式，蛇永远变不成龙

楚国这位不知名的门客，因为画蛇添足而成千古笑柄，被人耻笑了两千多年。在古往今来的笑声不绝中静心一想，这位门客很冤。

首先，他画蛇的技艺比别的门客高超，否则不会"蛇先成"。其次，他心有余力，才会想到给蛇添足。再次，他不单纯是为一壶酒。他的眼光透过了具象的事物，看到了一些别人没有看见的东西，那个东西或许就是龙。

龙不就是以蛇做模特儿，添足、添爪、添须、添尾给添出来的吗？

不突破蛇的思维定式，博采众取，就没有龙的腾飞。

这就和新闻体裁一样，存在着嬗变的相似性。新闻体裁是指新闻作品的种类和样式，就其基本形态而言，一般大家都认为是"老三篇"——消息、通讯和评论，最多外加一种照片。新闻实践丰富多彩，随手翻阅报纸，就发现用"老三篇"或者"四件套"来套取新闻的体裁已经捉襟见肘。譬如现在报纸上常用的图表算什么？网络上经常使用的链接是什么？还有那些"对话""自述"归属哪一类？还有人人都在朋友圈里发的各种东西是什么？

新闻报道究竟有多少种形态？这个世界上总有有心人，浙江日报高级编辑林永年就是一个。1991年的时候，他出版了一本书，叫《新闻报道形式大全》，他经过多年搜集整理有关体裁方面的最新动态和资料，提出新闻有55种写作形式。2003年在他步入七旬的时候，此书由浙江大学出版社出版修订本，书的封面印有一句问答："我国目前新闻报道形式一共有多少种？不少于68种。"因为这种总结，该书被誉为我国第一本有关新闻报道体裁的专著。

事情至此远未终结。网络改变生活，也使新闻报道体裁与世推移。互联网上，新锐文体方兴未艾，流行"语体"层出不穷，各领风骚。人们将排比体、梨花体、蜜糖体、纺纱体、脑残体、琼瑶体、知音体、走进科学体、红楼体等，列为网络写作的神器。与新闻体裁最相关的，还属至今使用纯熟的"微博体"。

微博体，也叫"段子体""语录体"，是网民在微博上发表不多于140字的短消息而产生的一种文体，有笑料、有感想、有故事，内容十分丰富。它是在快速阅读时代下的产物。从锤炼语言的角度看，微博体去掉那些被滥用的形容词、副词，多用动词，文字因此简洁、干净、有力。这一点长处，最值得新闻界借鉴。

"画蛇添足"在楚国门客那里就是个笑话，然而，在当今的互联网上却可能被宽容以待。在新闻界，如何突破思维定式，实现从蛇向龙的跃升，则是需要严肃思考的问题。

细腰定律

《墨子·兼爱》（中）用诙谐幽默的语气讲了一段令人若有所思的往事："昔者，楚灵王好士细腰。故灵王之臣，皆以一饭为节，胁息然后带，扶墙然后起。比期年，朝有黧黑之色。"

为了一个风摆杨柳的腰肢，楚灵王的爱卿们节食束腰，面黄肌瘦，个个饿得东倒西歪。此风后来传至民间，黎民百姓也跟风效仿，弄得一国之民手无缚鸡之力。

此典古籍中有多处记载，后来演变成今天耳熟能详的一句话："楚王好细腰，宫中多饿死"。

细腰定律——

凡是让人耳目一新的东西，很快就被克隆得遍地都是

　　一直以为"扶着墙进，扶着墙出"是吃自助餐的最高境界，没想到两千多年前，楚灵王的满朝文武大臣早就这么做了，只是反其道而行之。这应该算是古代典籍中记载的我国最早的减肥事件。看来"惟楚有才"不是浪得虚名，起码那个时候就开始"惟楚有身材"了，为后来之人的才气、才华和才能的长进起到了很好的铺垫。何以见得？孟子老先生曰：天将降大任于斯人也，必先苦其心志，劳其筋骨，饿其体肤，空乏其身。只是这"大任"在楚灵王之臣的眼里，是大官罢了。

　　看到这个故事很多人就想笑。有减肥屡败屡战的人说，减肥不成功，还是饿死算了。减肥之人不如楚王之臣，主要是动力不够。

　　媒体的同质化一直被人诟病，内容的千文一面，编排的千报一面，营销手法的大同小异是不争的事实。说搞策划，人人都在动手；发行搞"洗楼行动"，你来我往简直成骚扰；订报促销，你送大米我送手纸，也未见有什么新花样。有时搞个活动，觉得是创新了，市场却不买账。有时真的创了新，过几天一看，个个都会了，又变成一种套路。在互联网时代，克隆进入了"秒速"时代。

　　这种"你有我有全都有"局面的形成，表面上看是源自模

仿的低成本。你有一个好的创意，我就势"顺"过来，该出手时就出手，咱倒不指望靠它去闯九州，在本地闯一闯，还是够用的。在媒体林立的时代，"一招鲜，吃遍天"被彻底终结。

往细里看，所有媒体的"步调一致"，则是因为思维方式的趋同、创新动能的衰竭造成的。任何的创新都有风险，都是思维的高强度劳动，同时还与新闻单位的机制和文化的体制密切相关。探索者尽管有成功的机会，但是也会面临很多困难。等历尽千辛万苦有了一个让人耳目一新的东西面世，大家如饿虎扑食，蜂拥而上，连抄带搬地用到自己的媒体里，还美其名曰"慢半拍跟随战略"。以"新"为自己座右铭的媒体，其实是个克隆的高手。

真正的高手有没有？有。有一时一地的高手，但一直独立于华山之巅的高手却没有。很多媒体人都在说一句话："一直被模仿，从未被超越。"王者的喜好向来具有风向标的作用，"吴王好剑客，百姓多创瘢"，"昔齐桓好衣紫，阖境不鬻异彩。"当今媒体，没人处在"众星皆拱北，无水不朝东"的位置上，今日一小胜，明日可能一大失，哪里还有什么常胜将军。

就操作手法来说，任何一种潮流莫名其妙地迅速兴起，也一定会莫名其妙地过时。其兴也勃焉，其亡也忽焉。面对此情此景，媒体人没事偷着乐是不太可能了，偷着胖还有点儿希望。

可是，这样的胖很不正常，它是内分泌紊乱的表现——思维的内分泌紊乱了。

40

佛祖传经定律

唐僧师徒四人来到大雄宝殿前，对佛祖倒身下拜。佛祖说，我今有经三藏，可以超脱苦恼，解释灾愆。吩咐阿傩、伽叶，将那三藏经中，各捡几卷，教他传流东土，永注洪恩。

二尊者即奉佛旨，对唐僧道："圣僧东土到此，有些甚么人事送我们？快拿出来，好传经与你去。"三藏闻言内心一沉，"取"经怎么变成"买"经了？便道："不曾备得。"二尊者笑道："好，好，好！白手传经继世，后人当饿死矣！"既然没有"人事"，阿傩、伽叶就给他们白纸本子的无字经。

师徒四人心中不忿，急急回山告状。佛祖笑道："你且休嚷，他两个问你要人事之情，我已知矣。但只是经不可轻传，亦不可以空取。向时众比丘圣僧下山，曾将此经在舍卫国赵长者家与他诵了一遍，保他家生者安全，亡者超脱，只讨得他三斗三升米粒黄金回来，我还说他们忒卖贱了，教后代儿孙没钱使用。"即叫："阿傩、伽叶，快将有字的真经，每部中各捡几卷与他，来此报数。"

二尊者复领四众，到珍楼宝阁之下，仍问唐僧索要人事。三藏无物奉承，即命沙僧取出紫金钵盂，双手奉上说，弟子委是穷寒路遥，不曾备得"人事"。唐僧知道这点"人事"远远不够，还当场打下"欠条"："待回朝奏上唐王，定有厚谢。"至此，伽叶才进阁检经，传了五千零四十八卷，乃一藏之数，遂叫收拾整顿于人马驮担之上，传诸东土，普度众生。

佛祖传经定律——

所谓"人事"，就是版税

一直好奇，佛祖所说"三斗三升米粒黄金"到底值多少钱？

"升斗"是容量单位，十升为一斗。据推算，一升黄金大约 19.3 千克。写此稿时，国际现货黄金每克 550 元人民币。由此可见，"三斗三升米粒黄金"大约相当于 3.5 亿元人民币。

也就是说，当年将一篇佛经向赵长者进行"口播"，就收到两个多亿的"版权费"。就这个收费标准，佛祖还不怎么满意。

唐僧此次取经五千多卷，佛国特许在东土大唐的地域范围内翻译和发行，按佛祖"贱卖"的价格来推算，至少需要"转让费"万亿人民币。天国佛经的版权费果真是天文数字，使人听此凋朱颜。善哉善哉，我佛慈悲，绝不吃亏。

一般来说，从事制造业的实体企业，日进斗金非常难。从佛经的版权费来看，佛国的文化创意产业，日进斗金并不难。

优质内容的生产是传统媒体的最大优势，新闻作品版权是传统媒体的核心资产。网络改写传播生态之后，这种最大优势被消解。业界有一个著名的比喻：传统媒体的草，养活了互联网的羊；互联网的羊，养活了移动媒体的狼。在生态链上，传统媒体处于末端底层，属于植物。内容被"空取"，更多是被

"轻传"至网上，大多数索要"人事"无门。

然而，一个变量的加入，改变了游戏规则。1991年6月1日起施行的《中华人民共和国著作权法》标志着知识产权所有者索要"人事"受到法律保护。该法经过三次修正，保护更全面，规定更合理。将过去不受保护的"时事新闻"缩限为"单纯事实消息"，同时增加了新闻类职务作品的规定。这样的设计更利于明确新闻产品的版权归属，有利于新闻成果的传播与保护，将对我国新闻事业和媒体深度融合产生深远影响。

2021年11月，党的十九届六中全会将"强化知识产权创造、保护、运用"写入《中共中央关于党的百年奋斗重大成就和历史经验的决议》，这是知识产权首次写入党的重大历史决议，由此，我国全面开启了版权强国建设的新征程。

时移世易至今，如果有人说传统媒体还抱着内容这根最后的稻草不放的话，那么，在新著作权法的背景下，传统媒体的原创内容这根"草"则变成了"虫草"。这就真正实现了佛祖定下的版权规则："经不可轻传，亦不可以空取。"

现在人们说"人事"，主要指的是"人力资源"。吴承恩所在的明代，"人事"指赠送的礼品，延伸开来，就是钱财。《西游记》假托人事，无非就是告诉世人：知识产权要保护，空手白狼不可取。

《西游记》那段关于"人事"的原文，写得惟妙惟肖：

那阿傩接了，但微微而笑。被那些管珍楼的力士，管香积的庖丁，看阁的尊者，你抹他脸，我扑他背，弹指的，扭唇的，一个个笑道："不羞！不羞！需索取经的人事！"须臾，把脸皮都羞皱了，只是拿着钵盂不放。

　　好一个脸皮都羞"皱"了！这说明，阿傩还有知识分子的清高，不给版税，坚定追讨；拿了版税，内心忸怩。

41

期期艾艾定律

　　西汉名臣周昌和西晋名将邓艾，一文一武，本来八竿子打不着，却因为两个人说话都口吃，后世遂将其捆绑在一起，产生了成语："期期艾艾"。

　　周昌是西汉开国功臣，帮刘邦打过天下，立过大功，以刚直不阿闻名，但是有个毛病，一到关键时就磕巴。《汉书》记载一个故事说："高帝欲废太子，而立戚姬子如意为太子。……昌廷争之强。上问其说。昌为人吃，又盛怒，曰：臣口不能言，然臣期期知其不可；陛下欲废太子，臣期期不奉诏。"

　　《世说新语》里也有一个故事。三国时灭蜀大将军邓艾，虽然率军打仗无人可比，但说话也不利索，他在自称名字时，常"艾艾艾"地"艾"个不停。有一次，晋文王司马昭和他开玩笑说："卿云艾艾，定是几艾？"邓艾嘴上功夫不行，脑子反应却特快，马上回答说："凤兮凤兮，故是一凤。"

期期艾艾定律——

摊开来说不出口，做起来毫不含糊

有很多东西，端不上台面，譬如打仗。兵以诈立，事以密成，语以泄败。中军大帐里的计议筹划，不可以示人。一旦公开，就是行动，你死我活，流血漂橹。这是阴谋。

与之相对的是阳谋。在官场、商场、职场、情场，当然还有新闻场，阳谋就是潜规则。揣着明白装糊涂的事，很多人能干，只是不说破而已。

世界是张纸，经不起一指头。新闻更是一张纸，不经捅。没捅破很好看，捅破了，很难看。

难看的东西包括"广告新闻""新闻广告""形象宣传""软广告""软文""制造新闻""新闻策划""媒体策划""新闻炒作"等一切有偿的打着"新闻"旗号而行的东西。这些东西充斥于报纸、广电和网络，让大众真假莫辨。譬如那些形迹可疑的医疗新闻，利用患者急病乱投医的心理，让人屡屡中招。既伤银子，又伤身子。

更有一种欺骗不出现在台面上，它是有偿新闻的变种，叫"有偿不闻"。一个地方一个单位，出了纰漏，传出去，脸面丢尽，官位不保。这本该是"舆论监督"出场的最佳时机，可是，假如你"有偿"，而且"到位"，他就可以"问而不闻"。山西繁峙"6·22"特大爆炸事故造成30多人死亡，矿主用现金和金元宝就封了 11 名掌握情况的记者的口。

写稿后"不闻"，记者得的是小钱；发稿时"不闻"，媒体得的则是大好处。收了人家的银子不发稿子符合潜规则，却伤害了新闻的职业道德。不管是记者个体还是整个媒体，面对利益围剿，最可怕的是媒体的集体性失语。

新闻的第一原则是真实，记者的第一职业准则是客观公正。那些游走在合理与不合理之间，模糊了新闻与广告边界的"说不出口"的疑似新闻，最终伤害的还是新闻界自身。

许多事，想得，做得，偏偏说不得。多少人，在世间痴混了几十年，却总是拿捏不好这个分寸。"凡不可言说者，必须保持沉默。"这是哲学家维特根斯坦的名言。"凡不可言说者"，是指有悖世道人心，有悖良知公俗的东西。面对不可言说的东西，支支吾吾、遮遮掩掩都过不了关，所以，最好的方法，是选择沉默。

"他们追杀共产党

我没有说话——因为我不是共产党

接着他们追杀犹太人

我没有说话——因为我不是犹太人

后来他们追杀工会成员

我没有说话——因为我不是工会成员

此后他们追杀天主教徒

我没有说话——因为我不是天主教徒

最后他们奔我而来

却再也没有人站起来为我说话了"

——德国牧师马丁·尼莫拉在波士顿犹太人屠杀纪念碑上铭刻的诗文依旧振聋发聩。

42

年龄定律

律师询问女证人："你的年龄？"

女证人："我最讨厌别人问这个。"

律　师："这是法庭，必须诚实回答。"

女证人："33 岁零几个月。"

律　师："究竟零几个月？"

女证人："零 120 个月。"

年龄定律——

同行相见三不问

哪三不问？女士的年龄、男士的收入、报刊的发行量。此理也包括新媒体的下载量、日活量、点击量等，说传统媒体，新媒体皆可代入。

要想知道一份报纸的实际发行量，除非你是报社的高层；如果你是报社的高层，说出来的发行量和实际的发行量也不一定是同一个数字。

报刊发行市场的乱象别说外人看不明白，就是业内人士，也不一定说得清道得明。现在报刊市场的竞争已经从互相攻讦阴私这种等而下之的方式，转而为一种潜规则的平衡——别碰发行量，那是大家共同的痛。道可道，非常道。凡不可道的，均不知道。

报刊的发行量是一个客观存在的数据，却成为一个讳莫如深的话题。它是一个长期困扰业内业外的疑团，至今此题无解。

一家报刊的发行量，很大程度上反映了这家报刊的江湖地位和社会声誉，也表明了它可以掌控广告资源，是报刊的生命线。

《中国新闻出版报》曾经以整版篇幅，发表了该报记者的联合采访，标题是：《对报刊虚假发行量说不》，文章以大量采

年龄定律

访所得材料，展示了"虚假"的严重程度：

发行量越少的报刊，虚报的成分越大，有的甚至可虚报 10 倍 20 倍。如北京一家高档消费类杂志，公开宣称发行量为 44 万册，而一家广告公司通过详细调查，发现连 4 万册都不到。上海一家财经类杂志，号称发行 24 万册，一家调查公司通过调查发现，该杂志在上海仅发行 180 册，在北京发行 450 册，推算结果是，全国最多 1.8 万册，虚报达 13 倍之多。

发行量像婴儿的尿不湿，吸饱了水分又不能弄破。

此种状况引起有关部门高度重视，国家四部委曾联合发文，要求整顿报刊发行市场秩序。文件针对报刊市场状况、虚报发行量等拟订了 5 项措施。其中的重锤就是对 11 个城市的 44 家都市报进行发行量稽核。

国外对发行量监管严格，有专门的机构定期稽核，如果发现报刊社虚报发行量，不仅会员广告主会拒绝在造假报纸上刊登广告，报刊社的发行人甚至要面临牢狱之灾。2004 年 2 月，纽约《每日新闻报》虚报发行量，导致 3 人被捕。

目前国内报刊的发行量很多时候都是报刊自己说了算。有些书生意气重的报刊负责人提出"可以不说真话，但是决不说假话"的自律要求。如果你要问发行量，只好一问三不知，其实也是如临深渊，如负泰山。

互联网时代，下载量也是一个不能问的敏感点，最好别碰。

人们经常把下载量、发行量与女人的年龄并列，可是一般人哪能看得出来？化了妆的女人和化了妆的数字都容易媚惑人。何况逢人减寿、遇货添钱是我们的古训，大家见面三不问，你好我好大家好。客户端的下载量、报刊的发行量和女人的年龄正是遵循这一规则。不同的是，女人年龄越大越说小，下载量和发行量越少越说大；相同的是，现代化妆术不独女人喜欢，报刊网媒也有同好。不信？如果你再问问女证人，她一定会告诉你：你不太可能知道我有多大，因为它每年都不一样。

43

愚公定律

　　太行、王屋二山，方七百里，高万仞。本在冀州之南，河阳之北。北山愚公快九十岁了，他苦于进出都要绕山绕水，极为不便，就聚室而谋曰：我们齐心协力把山挖掉怎么样？他妻子质疑说：凭你的这点力气，连小山都平不了，何况是太行王屋这样的大山。何况，土往哪里填埋？众人说：丢到渤海边就可以。

　　愚公老先生遂率子孙荷担者三人，凿石挖土，用箕畚运到渤海边上。邻居寡妇有个孤儿，刚七八岁，蹦蹦跳跳地也去帮忙。冬夏换季，才能往返一次。

　　河曲智叟笑而止之，你太不聪明，简直太愚蠢。你的力气连一棵草都动不了，又能把土石怎么样呢？北山愚公长叹说："你真是个老顽固，顽固得没法开窍，连孤儿寡妇都比不上。虽我之死，有子存焉；子又生孙，孙又生子；子又有子，子又有孙。子子孙孙，无穷匮也。而山不加增，何苦而不平？"

　　操蛇之神听说这件事，怕他没完没了地挖下去，告之于帝。帝感其诚，命夸娥氏二子负二山，一厝朔东，一厝朔南。自此，冀州南部，直到汉水南岸，一马平川。

愚公定律——

这样的事人人都不信，但是人人都喜欢

"听起来是奇闻，讲起来是笑谈。"一首《愚公移山》的歌曲把人们对这个寓言的原初感觉非常准确地说唱出来。而没有说出来的是，对愚公的歌咏不绝，表明了人们非同一般的喜爱。

寓言的事实一般都荒诞不经，但是能达到劝诫、教育或讽刺目的，可以广见闻而资智识。年且九十的北山愚公，带着几个子孙叩石垦壤，将土挑到渤海之滨，寒暑易节，始一反焉，其志可嘉，其法不智，其力不逮，这是谁都明白的道理。然而，人人都不信的事，人人都在干。广告就是例子。

表示中国报业的广告量有几个很暧昧的词：刊例价、刊登额、投放量。刊例价是指每家媒体官方对外报出的价格。报纸广告的刊登额是"报纸刊例价乘以折扣系数"。而投放量则是广告主投入到媒体的广告额度。这几个指标究竟有多少水分？天知道。

网络媒体也用的是同样的思维，用户数、广告量、经营额、投资额等，都是天量天价。

如果没有广告收入，报纸活不了。如果没有天使投资，新媒体活不了。衡量一家媒体的经济实力就是广告收入，这是各家媒体必须回答广告主的一个问题。这个数字还反映出该媒体

的知名度、发行量、影响力等综合实力，是吸引广告客户的金字招牌。因此，各家媒体对此极为重视，而跻身全国或地区的广告排名前列，则是每个媒体全力以赴想干的事，如果嘴上说不重视，那是真的不行。

其实，广告收入和发行量一样，没有水分是不可能的，区别在于水多水少。胆小如智叟者，数字干巴一点；胆大如愚公者，数字振聋发聩。误信这个数字投放广告的广告主总是哑巴吃黄连。所以，在广告界有名言："我的广告费有一半被浪费了，但不知道是哪一半。"广告收入，水深着呢。

广告收入的浮夸风吹得所有人昏昏沉沉，真伪莫辨，至今没有医治的灵丹妙药。不过，话又说回来，媒体广告收入有水分也是可以理解的。人体的70%是水分，没有水分人活不下去，没有水分媒体也无法生存。

毛泽东引用愚公移山的寓言，号召我们学习愚公有毅力有恒心，不怕困难的精神，感动上帝，这个上帝不是别人，就是全中国的人民大众。全国人民大众一起来挖掉帝国主义和封建主义两座压在中国人民头上的大山。新中国成立之后，它又发展成"愚公移山，改造中国"，成为鼓舞全国人民改变中国一穷二白落后面貌的动员口号。

在媒体融合的实践上，我们要学习愚公精神，面对互联网媒体的排山倒海，众愚公一起发力，这就是天力，无事不成。

《禅机处处在》 龙二／绘

辑三　融合找法门

草原定律

　　在辽阔的非洲大草原，每天早晨太阳升起的时候，羚羊睁开眼睛，它想的第一件事就是，我必须跑得比最快的狮子还要快，否则，就会被狮子吃掉。

　　每天早晨太阳升起的时候，狮子从梦中醒来，它想的第一件事就是，我必须追得上跑得最慢的羚羊，否则，就会被饿死。

　　于是，羚羊和狮子又开始了新一天的奔跑。

草原定律——

只要停止奔跑，就被淘汰出局

　　狮子与羚羊的故事每天都在发生，并不限于非洲大草原。人类社会就是一个放大了的非洲草原，每天都在上演着狮子与羚羊的故事。

　　俯瞰眼下的媒体江湖，奔跑之声不绝于耳。传统媒体正被以网络为代表的新媒体追得满世界乱窜。苛政猛于虎，网络凶过狮。传统媒体的生存空间被严重挤压，在奔跑中疲态尽显。

　　羚羊不跑被吃掉，狮子不跑被饿死。在媒体这个大丛林里，唯有奔跑，大家才有口饭吃，只有奔跑，大家才有活路。达尔文的进化论160多年来依旧鲜活如初，丛林法则丝毫看不出过时的迹象。

　　悲观的情绪笼罩着新闻界，尤其是报纸。当美国北卡罗来纳大学新闻与大众传播学院教授菲利普·迈耶提出"报纸消亡"论的时候，纸质媒体的记者们仿佛看到了为自己写的讣告，顿时失魂落魄，不禁悲从中来。报人做过的最恐怖的噩梦就是，传统媒体就像旧时的马车，消失在长街的尽头，只在怀旧的时候才被人想起。

　　每次媒介的技术革命，对报纸来说，都曾经引发过深深的恐惧。作为当今世界历史最为悠久的大众传媒，报纸经历了广播和电视两次重大的挑战和冲击。这两次冲击都曾被认为是致命的，但它挺过来了，有人据此断定，报纸是大众传媒的常青树。

但是这次网络的冲击似乎超过以往任何一次的挑战。在媒介这个非洲大草原上，动物凶猛。以报纸为代表的传统媒体则沦落为作为食物链起点的植物。

业界有一个精彩的比喻：传统媒体的草，养活了互联网的羊；互联网的羊，养活了移动的狼。在商业领域，"媒体狮子"早已出现，百兽之王还在生长，长期的影响会超过我们的想象。

当下媒介生态失衡，但是，媒介生态保护意识还远未引起人们的重视。比如，没有报纸，这个世界会怎么样？

密歇根大学媒体技术教授拉塞尔·纽曼说，没有报纸？没什么大不了的。他说，我们应该关心的是维持独立的、严肃的新闻报道的传统，但我们不需要特别关心把墨水印在破碎木浆做成的纸张上的新闻产业。

"消亡论"首先来自高墙里的学究，其次来自年轻读者的转身，最后来自大众的漠视。最佳的防守是进攻。问题是，穿新鞋走老路，走的人不好受，看的人更别扭。

有人哀叹：我们是纸质媒体的末代记者。凡是末代的，都没有好下场。历朝历代的最后一个，结局都很悲惨。于是，有人高喊：眉毛上的汗水和眉毛下的泪水，你必须选择一项。

传媒界真的是一个奔波不息的"非洲大草原"，从业者要学习动物好榜样，不管你是羚羊抑或狮子，赶快撒开脚丫子跑吧，跑着跑着，或许发现了新的草料场。

45

星空定律

夜深人静，最浪漫的，当属星空。浩瀚星空，光芒璀璨，那是人类真正的诗和远方。明月皎皎照我床，星汉西流夜未央。天阶夜色凉如水，卧看牵牛织女星。所有的美好与忧愁，只在夜空绽放。

然而，科技逐渐凋零了诗意。一个无比残酷的事实是，我们看到的星空，只是宇宙的"回忆录"。

光速大约每秒30万公里，月球离我们最近，有38万公里，所以光从月球到地球的时间是1.3秒。也就是说，我们看到的月亮大约是1.3秒钟前的样子。地球离太阳有1.5亿公里，光从太阳到地球需要8分钟。也就是说，我们所能看到的是8分钟前的太阳。

于梅君在一篇文章里分析说，离太阳系最近的星系是大犬座矮星系，距太阳系有 2.5 万光年。也就是说，我们现在看到的是它 2.5 万年前的样子，地球上 2.5 万年以前还是石器时代。再比如仙女座，它距地球 250 万光年，我们看到的是它 250 万年前的样子，当仙女座上的光出发时，人类还没在地球上出现。

人类现在已经可以发现上百亿光年外的星系，当这些星系的光芒发出的时候，太阳和地球还是一片混沌。而宇宙到现在的年纪，也才 138 亿年。也就是说，有些距离较远的天体，在你看到的时候，可能已不复存在。人类看到的一切，都是宇宙的过去式。我们看到的宇宙星空，并不是它原本的样子。

当时明月在，曾照彩云归。人类仰望星空时，实际上是在阅读宇宙的历史。

星空定律——

好印象都来自过去

有两种记忆让人抹之不去，一种是极乐的，一种是极痛的。一般而言，人容易记住别人的美好，放大自己的不幸。还有就是，容易美名化过去，污名化现在。大家对传统媒体，包括报纸、电台、电视台的印象就是例证。

当年，报纸受重视，记者有地位。记者是社会责任的担当者、百姓眼中正义的化身。人们尊重甚至敬重记者，只要拿出记者证，会优先买到火车票，会免费进入各种景点，会走绿色通道少排队。只要说自己是记者，就会被人高看一眼，记者的社会地位相对较高。

想当年，新闻单位在过去也很出众。在物质生活比较匮乏的年代，党和政府对宣传单位厚爱三分。在编制上列入事业序列，在资源上给予特许经营，在补贴上优先到位。在市场经济时代，新闻单位勇敢地拥抱变化，报刊雨后春笋般地出现，雄文大事层出不穷，厚报时代的新闻单位，意气风发，干劲十足。

遥想当年，新闻单位和从业者，具备高的社会认同、身份认同和自我认同。心理健康，幸福感强。积极站位，主动作为。作为党和人民信赖的耳目喉舌，是一项极端重要的工作。

记得早先办报时，大家勤勤恳恳。写一篇，是一篇。清早投递到报箱，长街黑暗无行人。卖豆浆的小店冒着热气，人们拿着报纸边看边等，好有耐心。

从前的日色变得慢，车、马、邮件都慢，一生只够做一件事。从前的新闻也好看，版面精美有样子。你刊登了，读者就看了。一杯茶，一支烟，一张报纸看半天。

现在，在某些方面，大家对新闻单位的印象依旧停留在《从前慢》的美好里，譬如当要向有关部门寻求财政支持的时候，你们得到了很多。但是，在比较影响力的时候，大家又都将现在的新闻单位列入鄙视链的下端，看看人家平台媒体多能干。社会看到的都是过去的荣光，业内感受到的都是当下的不堪。反过来也是。

仰望星空，我们看到的星际传奇，其实早就"翻篇"了。低头看路，你看到的美好，其实早已结束。从消极的方面看，好印象全是过去的；从积极方向观，坏印象也是过去的。

白头编辑在，闲坐说从前。

46

范蠡定律

　　春秋战国末年，天下纷纷攘攘，群雄奋起逐鹿。有问鼎的，有称霸的，有觊觎邻国领土的，你未唱罢我已登场，热闹非凡。此时吴越交兵，出了一个智者范蠡。

　　先是越王勾践斗不过吴王夫差，范蠡进谏："屈身以事吴王，徐图转机。"他陪同勾践夫妇在吴为奴三年。其后归国，他与文种拟订兴越灭吴九术，是越国"十年生聚，十年教训"的策划者和组织者。之后使美人计，用绝世娇娃西施麻痹了吴王的神经。二十余年后，苦身戮力，卒灭吴，成就越王霸业，被尊为上将军。

　　范蠡深明"飞鸟尽，良弓藏；狡兔死，走狗烹"的帝王铁律，于是便弃官归隐，携带西施及家人，出入三江五湖上，以布衣之身白手起家，十九年之中三致千金，富可敌国，号称陶朱公，被誉为"治国良臣，兵家奇才，商人始祖"。

范蠡定律——

放弃过去的成功，才能走向新的成功

对真理和公平正义，以及天下苍生，不抛弃不放弃。名利场上，则需反其道而行之，要果断地抛弃和放弃。盛极而衰的道理，人人明白，顺风收帆的事情，很少人能做得来。

让你成功的，也让你失败。与范蠡同为越王左膀右臂的大臣文种，就被勾践赐死。越王说：当年你献给我七条计策，我只用了三条便灭掉了吴国，"愿以四术为寡人谋吴之先人于地下。"言毕，升舆而去，遗佩剑于座。文种自杀，身死名灭。

历史有趣。有趣之一在于，总有惊人的相似之处，却又于相似之外见出各自的情怀。

作为普通新闻人，我们都有自己的一技之长，或能写个稿，或能拍视频，或能组个版也能混饭吃。我们经常沉湎于能应对工作，满足于完成任务，忘了从平凡到优秀，从优秀到卓越的跃升。至于在社会上扬名立万的新闻腕儿，他们一定有自己的过人之处。不是消息写得漂亮，就是通讯写得汪洋恣肆，要不就是评论让人如饮狂泉。但是，在大范围上也不容易跳出来，久了，也是躺在自己的功劳簿上过生活，在一亩三分地里打转转，失去了大格局，气象不开阔。

作为媒体，开辟一块天地，服务特定人群，自有它的必杀技。可是，那些曾经帮你开疆拓土的战略战术，如果一直沿用，就成了套路，会让受众感觉了无新意。模仿别人或者重复自己都没有出路，也信美人终作土，不堪幽梦太匆匆。糖多了都腻歪，一招鲜其实是夺命天。

美国人的一则戒酒标语说：愚昧就是你在重复相同的事，却希望得到不同的结果。这个世界上最多的不就是自以为清醒其实醉眼蒙眬的人吗？

命运像水车的轮子一样旋转着，昨天还高高在上的人，今天却屈居人下，所谓"君子之泽，三世而斩"是也。靠吃老本，总有靠不住的时候。等到真的发现靠不住了，已经来不及了。因此，古人说：弓不拉满，势不使尽。盛时欲做衰时想，上场欲做退场思。积极地看这句话，就是要积极地开辟第二战场。达到一个新高度，要敢于抛弃和放弃。历史是个好老师，如果你一次没有学会，她会不断地重复，像极了媒体的进化。

范蠡在民间一直为人称道，在正史中却不大被提及。这可能和我们传统的道德观念有冲突：一个曾经做过大官的人却沦落为下贱。看看他做官做生意做人，干啥都成，拿得起放得下，他选择了传统社会"士、农、工、商"中最没地位的商人职业，以一介平民的身份，不依靠当官时缔结的关系网，不坑蒙拐骗掺杂使假，居然"三致千金"。"千金之家，比一都之君。巨万者，乃与王者同乐。"拿到现在来看，他怎么都应该是福布斯富豪榜上的首富。范蠡功成名就，急流勇退，见好就走的胆略和气派，在人是难能，在神一定行。所以，他成了神，在今天还是被人供着。

　　范蠡对媒体的启示是：站上一座山巅，就要悄然转身。厉害的媒体应该是一直被模仿，从未被超越。

盘古定律

最早记载盘古开天辟地神话的是三国时徐整所著《三五历记》及《五运历年纪》，其次是南北朝梁任昉所著《述异记》。

徐整在他的《五运历年纪》中说：天地浑沌如鸡子，盘古生其中。万八千岁，天地开辟，阳清为天，阴浊为地。盘古在其中，一日九变，神于天，圣于地。天日高一丈，地日厚一丈，盘古日长一丈，如此万八千岁。天数极高，地数极深，盘古极长。后乃有三皇。

又曰：首生盘古，垂死化身；气成风云，声为雷霆，左眼为日，右眼为月，四肢五体为四极五岳，血液为江河，筋脉为地里，肌肉为田土，发髭为星辰，皮毛为草木，齿骨为金石，精髓为珠玉，汗流为雨泽，身之诸虫，因风所感，化为黎甿。

盘古定律——

谁都想开辟一片新天地，基本都是有想法没办法

　　盘古开天辟地，运斤如风，荡开天地，凿破鸿蒙，是创世的壮举。这样的英伟豪迈，专属天地起源。后世诸神，皆莫能望其项背。

　　神间的道理自是人间的道理。人人都想开辟一片事业的新天地，一般很难实现。久了，连念头都被消磨殆尽，剩下的就是活着。活着等待退休，退休后争取再活长一点。人生不满百，常怀千岁忧，是说人喜欢瞎操心。百岁之年和盘古的万八千岁、再加个万八千岁相较，只是蜗角蚁睫一毫芒，浮生若梦的感叹不是妄造。

　　人有宏志不能得施所愿，卷曲在混沌的"鸡子"之中度日，原因固然有很多，其中重要的一条，办法很关键。开辟一个新时代的人，都毫无例外地是先进生产力的代表。一部世界新闻史可以为证。

　　办法是工具，办法是技术。新闻史上断代的变革都是由新技术带来的。现代意义上的报纸，得益于印刷机的诞生。人类有史以来第一次广播则仰仗意大利马可尼和俄国波波夫同时发明的无线电波。电视则依靠 19 世纪末期，少数先驱者设想并开始研究设计传送图像的技术。让传统媒体爱恨交加的互联网，源起于美国军方的"阿帕网"。麻省理工学院林肯实验

室的拉里·罗伯茨和他的同事、挚友及网络技术启蒙老师克兰罗克一起，实现了阿帕网美国加州大学洛杉矶分校第一节点与斯坦福研究院第二节点的连通，完成了分组交换技术的远程通信，催生了互联网络的诞生。这些技术经过后来许多人的完善变得完美，形成了现在的模样。

技术的完善虽然重要，但总不如盘古的那一板斧，在混沌之地开掘，给人们以闪亮的灵光，烛照出一条新路，让后来者追随。

问题是，我们上哪儿去寻找开天辟地的工具？如果较真地追问，在万物还未化育之前，盘古何来开天斧？盘古的工具在神话里语焉不详，倒是有人附会出的盘古斧来源比较合理。盘古在混沌之中时，拔下自己一颗牙齿，把它变成威力巨大的神斧，抡起来劈砍出天地的分野。

当下的媒体江湖混沌胶着，传统媒体人左冲右突，焦虑无比，都想走出困境，走进第二春。方法在哪里？盘古开天大斧的启示是，不在天，不在地，在自己，只有依靠自己，才能开辟新天地。

斯坦门茨定律

20 世纪初，美国福特公司步入高速发展时期。

有天，工厂一个电机出了毛病，反复检修反复察看，怎么也找不到问题出在哪儿。整个公司即将停摆，经济损失会很巨大。他们请来著名的物理学家、电机专家斯坦门茨。斯坦门茨要了一张席子铺在电机旁，聚精会神听了 3 天。要了一架梯子，爬上爬下忙了好多时，最后在电机的一个部位用粉笔划了一道线，写下："这里的线圈多绕了 16 圈。"人们照此排除故障，生产立刻恢复。

事后斯坦门茨得到了 1 万美元的酬劳，相当于当时一个普通职员 100 多年收入的总和。人们对此颇有微词，认为不值。斯坦门茨的解释是：画一条线——1 美元；知道在哪儿画线——9999 美元。

斯坦门茨定律——

最大的问题是发现不了问题，最大的隐患是发现不了隐患

马克思有句名言："问题就是时代的口号，是它表现自己精神状态的最实际的呼声。"

提出问题，与时代同步。发现问题，抓住主要矛盾。解决问题，事业进入新境界。这基本是自然人和法人成长的必然之路。

工作中生活里，我们常为各种问题疲于奔命，有人厌烦有人逃避有人硬着头皮解题。报喜不报忧，遇见问题绕道走是很多人的习惯。成绩不说跑不了，问题不说不得了。大问题小问题一起构成时代的问题，发现问题是对每个人的能力水平和干事作风的考验，更是迎接时代挑战、走在时代前列的不二之选。

让人心有千千结的媒体融合，最能看出问题意识的必须。

在纸媒鼎盛、互联网初生时，报纸的印刷机就是印钞机，日进岂止斗金。此时的传统媒体，如正午之阳，火辣逼人。稻米流脂粟米白，公私仓廪俱丰实。传统媒体对于媒体融合的态度可以用一个词概括："有力无心"。

时移世易，在互联网一路高歌猛进、纸媒生态变坏时，很多报纸遣散了发行员、砸烂了印刷机，发行下滑、广告下滑、影响力下滑。伤心不忍问耆旧，复恐初从乱离说。传统媒体对

于媒体融合的态度也可以用一个词概括："有心无力"。

那么，当下的状态是什么？传统媒体对于媒体融合的态度还可以用一个词概括："心力交瘁"。

我们过的是一种"劳绩"的生活，劳心劳力才能取得业绩。无问题思维，无忧患意识，"手中无事、心中无数、眼中无物"，发现不了问题最终会导致问题越来越严重。

工作中，我们经常看到这样的景象：有的人嘴上说没问题，可能是能力水平"有问题"。有的人眼里看不到问题，可能是作风上"有问题"。有的人不愿发现问题，可能是担当上"有问题"。

坚持问题导向，发现问题，才能解决问题。发现隐患，才能消除隐患。夫唯病病，是以不病。问题不可怕，看不到问题，才是最大的问题。

斯坦门茨的故事广泛传扬，有人论真有人说假。窃以为，无论真假，且把它看作现代版的《警世通言》，大海潮音，作狮子吼，是对问题意识的当头棒喝，如冷水浇背，让人且惊且惧。

叶名琛定律

晚清重臣叶名琛，生于湖北汉阳，官至两广总督兼通商大臣，52岁魂断异国他乡。

1856年10月初，英国借叶名琛处理中国商船"亚罗号"事件为由，炮轰广州城——第二次鸦片战争由此爆发。

次年，英法联军炮舰驶进珠江口，炮口对准广州城楼，对叶名琛发布最后通牒，要求开放广州。此时广东正规军基本被调至江浙作战，广东财力在镇压太平军的战争中消耗殆尽，广州城只有团练、乡勇等一万名杂牌军。叶名琛一无得力将领，二无兵可派，三无坚固海防，四无险可守，五无钱可用，六无充足军粮，面对英法联军坚船利炮及武装到牙齿的5600多名士兵，无还手之力。

1859年1月5日，广州城破，叶名琛平静地戴好顶戴花翎，穿上正式官服，端坐大堂之上，等待英国人到来。被俘后，叶名琛被送到停泊在香港的英舰"无畏号"上。48天后，被押往印度加尔各答。叶名琛在吃完从家中带来的食物后，不食番邦粟米，于1859年绝食八天而亡，"临终并无别语，只言辜负皇上天恩，死不瞑目。"

叶名琛的所作所为，被时人称为："不战、不和、不守、不死、不降、不走；相臣度量，疆臣抱负，古之所无，今之罕有。"

叶名琛定律——

弱国无外交，弱媒无市场

局外人观之，传统媒体和新媒体融合过程中，也有许多"六不总督"。

面对排空拍岸而来的互联网浪潮，从最初的"有力无心"，到后来的"有心无力"，到最终的"心力交瘁"，平心而论，各路"掌门人"没有不作为，更没有将阵地拱手相让的想法。只是拿着旧地图，找不到新大陆。

在互联网不对等打击下，传统媒体饱受侵扰，今日丢读者，明日丢广告，今日割五城，明日割十城，没有一夕安寝。起视四境，而秦兵又至矣。

互联网已经成为舆论斗争的主战场。没有网络安全，就没有国家安全。过不了互联网这一关，就过不了长期执政这一关。党中央早就清楚明白地告诉我们媒体融合的"为什么""怎么样""如何干"以及具体的目标路径，主管部门也备好了充足的粮草和政策让我们施展。问题是，大家连及格的分数都没有拿到。恨铁不成钢，恨纸不成网。问世间"融"为何物，直教"报"生死相许。

当然，我们不能全盘否定媒体融合的成就，更不能一棍子打死融合的信心。毕竟我们还是做了许多事，从建网站到建平台，从在商业网站上开户头，到自己办移动媒体。使了劲，拼了命，但是效果不尽如人意。在国际上，信息传播受阻。与商业头部媒体相比，受众人数不是第一阵营。与互联网海量的内容相比，传统媒体内容生产的质量可能是上乘，但是数量较少，在互联网之中的能见度也不够。尤其网络舆情骤起之时，手段和方法比较少，急得搓手的时候多。

叶名琛早慧，学习好，在汉人中属于提拔飞快、仕途顺风顺水的尖子。他对传统学问内行，对外部世界外行。与英军作战，叶名琛也做了一些事。比如，他重金悬赏，凡斩英人首级者赏银圆三十。他积极袭扰，使英军日夜不得休息。他夜遣沙船，满载炸药冲击在岸边休息的英军。他派出火筏，冲击英舰使之不敢近岸。他派人突袭英军巡逻队，杀死一个英军军官。他安排人在面包房里投放砒霜，导致许多英国人中毒。当然，他也去烧香拜佛请求菩萨保佑。

然而，武功再高，也怕菜刀。

叶名琛自诩"海上苏武"，人称"六不总督"，他的悲剧是时代的悲剧。他缺乏国际视野，不谙世界大势，他用传统的方式应对现代的挑战，抵挡不住外敌入侵，也抵挡不住时代浪潮，面对未有之大变局，成为时代的牺牲品，让人闻之一声叹息。

50

白娘子定律

　　话说西湖景致，山水鲜明。一个俊俏后生，在杏花春雨中，遇着两个美妇人。

　　《警世通言》说，白衣美妇把秋波频转，瞧着许宣（许仙）。许仙是个老实之人，见了此等如花似玉的美人，旁边又是个俊俏美女样的丫鬟青青，着实心里一动。

　　白娘子不仅愿意和他成亲，还拿出五十两雪花银让他办婚事。不料这银子是高官府上失窃之物，许仙为此遭遇牢狱之灾。在苏州服刑期间白娘子又与他相遇，成了夫妻。白娘子再度用盗来的衣物打扮许仙，许仙又被发配镇江。白娘子再度跟去，许仙又与她和好。后来怪事连连，许仙基本确定白娘子是蛇精转世。

　　在法海教授下，许仙将钵盂亲手往白娘子头上一罩，便不见了女子之形。法海揭起钵盂，只见白娘子缩作七八寸长，双眸紧闭，做一堆儿，伏在地下。法海要她现出本相，白娘子不肯。

法海使出法术，白娘子和青青立时复了原形，青青是一条一尺多长的青鱼，白娘子是三尺长一条白蛇，兀自昂头看着许仙。

白娘子定律——

一不小心，打回原形

择一城终老，遇一人白首。这是爱情的神话，引无数男女竞折腰。

专一事，精一业，终一生。这是事业的传奇，让职场中人长太息。

白娘子的故事，恒常当作爱情看。其实，也未尝不可做职场观。

白娘子能人能蛇，融合有模有样。蛇精的底子，人精的样子。化形之后，在人间自由行走，而且，还弄出挺大的动静，让三界（人、妖、道）都难以忘怀。

实话说，白娘子还是挺能干的。修道千年，下了苦功夫。只是她不能彻头彻尾，无法彻底收敛妖气。最终失手法海，还是因为诱惑太大，心猿意马，导致修为不够。

搞新闻做传媒，最少得有一技傍身，最好是有几把刷子。采写摄制、说学逗唱得会一手，而且拳不离手曲不离口，日日精进，让知识面更宽，让本领更大。现在媒体的困境，说到底是能力不足，本领恐慌。习惯于用老思路应对新情况，用老套路解决新问题。以老对新，过程失范，结果失效在所难免。

传统媒体在进化为新媒体的路上，有许多的漏洞。正如白娘子行事，多少总带着妖气。新闻单位新媒体的行藏举止，多少也带着传统气。传统不是不好，而是不够。

　　白娘子修炼成精，只走了半程，在成仙的路上半途而废，殊为可惜。媒体融合无坦途，需要很多的决绝，无为在歧路，儿女共沾巾。或许，我们长长的一生，在走向彼岸的时候，都是在和过去告别。

　　告别是为了重逢。当读者变身用户，我们就应该变身新媒体。如果以不变应万变，以老方法做新事情，用户一定会抛弃我们。雷峰塔不倒，就永无翻身之日。如果不增加新本领而幻想有新的美好生活，蛇精病。

龟兔定律

51

兔子总是嘲笑乌龟爬得慢。

有一天，兔子碰见乌龟，笑眯眯地说："乌龟，咱们来赛跑吧。"乌龟知道兔子开他玩笑，就不理睬。兔子知道乌龟不敢跟他赛跑，乐得摆着耳朵直蹦跶。乌龟一看生气了："赛跑就赛跑。"兔子一听，差点笑破了肚子："咱们从这儿跑起，看谁先跑到目的地。"说完，兔子撒腿就跑，一会儿就跑出很远。回头一看，乌龟才爬了一小段，兔子心想：乌龟怎么也赶不上来，我就在树下坐着看笑话。于是，在树下坐了下来，不久迷迷糊糊进入梦乡。

乌龟慢慢爬了上来，并且超过了兔子。当兔子醒来时，乌龟已经到达终点。

龟兔定律——

依靠别人的错误获胜，这样的胜利靠不住

　　这是一个讲烂了也听烂了的故事，无非是说有优势者别骄傲，处劣势者别懈怠。寓意虽好，却大大地违反常识。

　　恰恰，我们在行事做人时，最容易违反的就是常识。

　　如今媒体之间竞争惨烈，各使奇招。传统媒体、新媒体，官媒体、自媒体，国内媒体、国际媒体，你今天推出了一个让人耳目一新的招式，隔天之后满世界都是。今天你用超粗黑字体做主标题，明天大家都采纳。看到自媒体做得火，官媒忍不住参与进来。看到财经新闻有市场，各类媒体都来染指。还有策划当道，评论前置，大家基本都是一个路数。竞争的结果，高度趋同，读者眼熟。

　　正如兔子有兔子的长处，乌龟有乌龟的绝活，都有各自的领地，一旦过了界，就容易产生悲剧。每张报纸上，每个媒体办的新媒体，政经、社会、国际、国内，啥都不缺，啥都做不精。改革开放前，千报一面；互联网时代，一个媒体抵一千。新闻在另外一个层面出现了惊人的相似。

　　历史真幽默，总喜欢开同样的玩笑。

　　这是一个众人发声的时代，也是一个不容易产生英雄的时代。媒体竞争，有时一小胜，有时一大失。大家的状态都差不多，唯一指望的，就是别人犯个错误什么的。可是，指望别人

犯自己都不会犯的错误，这样很不可靠。

看看现在的媒体界，你方唱罢我登场，来来往往的人物如流星划过天际，大众基本记不住。即使有所谓的英雄，大半都是自我封侯。包括号称"领风气之先"的先锋和新锐，从规律上而言，开路者成功的不多，成为先烈是常态。

干新闻，我们不能总是用个体否定一般，用意外否定常理。出路还在于回到本源，回到新闻，回到常态。

一份报纸也好、一家电台也好、一个网站也好，在起步出发的时候，都有自己明确的定位。可是，走着走着，就开始眼红别人，迷失自己。这是常识的迷失。常识就是把自己的定位做到极致，对于定位，一是忘了初心，二是干着干着松劲儿了，三是遇见困难绕道走。明白了这些就是常识，明白得越多素质就越高。

乌龟和兔子赛跑，无论对谁都是悲剧。有好事者，一定坚持要乌龟胜出，就演绎了很多的续集。譬如，再次比赛时，把乌龟的双胞胎兄弟埋伏在终点，兔子跑得一身汗，到终点一看傻了眼；再来一次时，终点被设置在河流的对岸，兔子再次傻眼；第三次，兔子开着车和乌龟赛跑，等车到十字路口时，乌龟早就到达终点，还穿着"交通义工"的红马甲在指挥交通，这回兔子输得心服口服——堵车嘛，神仙也没办法。

尺有所短，寸有所长。优点和缺点都是比较而存在的，关键是要明白自己。清代诗人顾嗣协曾写过一首诗："骏马能历险，犁田不如牛。坚车能载重，渡河不如舟。舍长以就短，智者难为谋。生材贵适用，慎勿多苛求。"

用己所长，避己所短，这样的成功才踏实。

左思定律

西晋著名文学家左思，以一篇《三都赋》盛重于时。《晋书》记载，此赋流行之日，"豪贵之家竞相传写，洛阳为之纸贵。"但他也是中国历史上著名的丑男人，史书上说他"貌寝口讷"。貌寝就是相貌丑陋，口讷则是不善言谈。看样子，左思属于内秀一类。

魏晋时期士大夫讲究风度，尤重容颜。与他同时期的潘安，其人如玉，妙有姿容。潘安驾车出行的时候总是造成交通堵塞，当时民风豪放率真，年轻女子手拉手将他围起来观看，成年女子见了他，就投掷水果表示爱慕。潘安回家，经常满载而归，这就是"掷果盈车"的来历。左思非常美慕潘安的艳遇，也去有样学样。刚一出门，就围过来一群女的，她们一齐朝他乱吐唾沫。

左思自尊心严重受挫，"委顿而返"。

左思定律——

扬长则洛阳纸贵，就短则丢人现眼

长得丑不是你的错，出来吓人就是你的错了。

左思当时年少，本想通过模仿别人的容止获得同样的风光，可惜自己不是那种材质，做下了轻狂之事，伤了自尊。

年轻嘛，情有可原，没什么大不了的。左思知耻后勇，发掘自己的文学潜质，以十年寒窗换来了洛阳纸贵的《三都赋》，算是没白活一场。如果左思年齿渐长，还想以容颜获得尊重，那才真的是跑出来吓人，丑死了都没人原谅。

看到别人吃肉自己也想染指的事，自古至今都有。眼下的例子就是传统媒体和新媒体之间的竞秀比美。以网络为代表的新媒体，以其即时、互动和海量，赢得了"掷果盈车"的惊艳。看到后起之秀粉丝成团的盛景，包括报纸杂志和广播电视在内的老媒体开始坐卧不安，继而群起效尤。出手机报、建网站、推广电子阅读器、办新闻客户端，应有尽有，忙得一塌糊涂。这些纷纷扰扰的举动被人美其名曰"媒体融合"，天知道是不是自投罗网。反正，所有纸质媒体的生长步调出奇地一致：告别了铅与火、丢掉了纸和笔、摆脱了印与邮，都搭上了网络快车，被一网打尽。

从传统媒体与新媒体融合的实践来看，小胜是有的，大胜至今没有。以美国为例，同样是报纸网站，曾经被号称为全球最大，也是最为成功的付费新闻网站的《华尔街日报》网络版传出将放弃收费，而曾经不收费的《纽约时报》网络版又放风说要收费。收与不收？是个问题。像这么翻烧饼起码说明了传统媒体首鼠两端、犹豫不决的窘态，这不是大家风范，倒像极了左思的"委顿而返"。

从赚钱的角度来看，传统媒体很少有像网络那么好的盈利能力。一个腾讯，每天的纯利润就好几个亿，谁与争锋？虽然有纸质媒体怒发冲冠，可是骂归骂，银子依旧哗哗地流进这只"企鹅仔"的口袋，而且，流入的速度还在加快。看到此情此景，有人问传统媒体：说吧，你是想死呢还是不想活了？

看到网络的好，大家一窝蜂地想去分羹，可到嘴的不一定是肥肉，有可能是肥料。在现实中办得不好的报纸，却冀望在虚拟世界里红火，未之有也。何况，面对网站和移动媒体的围剿，传统媒体的所谓突围大都是将内容简单地平移到网站上去，没有创造出新的盈利模式，没有使内容加分增值。忙活了一通，除了烧点钱外，收获的是领导和读者的失望，干的是亏本的买卖。

传统媒体的心思在别处，这是时下最大的危机。应对挑战，老媒体需要将目光从远处收回来，注目自己的心灵深处。干报纸的最终还是要办好报纸，干广电的最终还是要让广电活色生香，这是屡试不爽的专业精神。同样是老媒体，一份《读者》，月发行量达数百万份，赢利无数，同样辉煌。还是默多克说的好，新闻是写在纸上还是写在枯树上，或者写在电子显示器上不重要，重要的是你能不能为读者提供他需要的东西。

就像左思，以丑比俊，则丢丑买乖。发挥长处，就洛阳纸贵。让一纸风行神州曾经是报人的梦想，可是现在的报人被新媒体打懵了，连梦想都丢了，丢掉了梦想就丢掉了未来。传统媒体难道真的已经到了无梦的年龄？

如果连梦想都没有，那可真的是睁着眼睛等天明，痛苦死了。

霍去病定律

当是时也，匈奴还是那个强绝东亚的匈奴，来去如风，斩杀辽西太守，击退渔阳守将，掳掠两千百姓北上为奴。汉武帝震怒，公元前123年，命大将军卫青北伐匈奴，霍去病随行出征。第一次征战沙场的霍去病率领800骑兵长途奔袭，斩杀与俘虏匈奴2 028人。

同年夏天，霍去病第二次出征河西走廊。友军迷路，霍去病孤军深入匈奴腹地，袭击匈奴王庭，生擒2 500人。

第三次，汉武帝派霍去病迎降右贤王。他单军冲入匈奴军中，杀死哗变的8 000匈奴，又降伏4万人，自此河西走廊纳入汉朝疆域，《西河旧事》载当时的匈奴人唱道："亡我祁连山，使我六畜不蕃息。失我焉支山，使我妇女无颜色"。

第四次的漠北之战中，22岁的霍去病与卫青各领5万骑兵，奔袭2 000里，寻找单于主力决战。霍去病俘虏和斩杀匈奴70 443人，封狼居胥，饮马贝加尔湖。经此一战，"匈奴远遁，而漠南无王庭"。

"明犯强汉者，虽远必诛。"霍去病5年6次出征匈奴，他所率领的远征军共斩掳敌人首级11万。元狩六年，24岁的霍去病因病去世。王维在《少年行》里写道："孰知不向边庭苦，纵死犹闻侠骨香。"这是对战神的褒扬，也是对后人的驱策。

霍去病定律——

师夷长技越彻底，制夷之功越显赫

农耕民族和游牧民族的对战，与传统媒体和互联网媒体的博弈蛮像的。

"天苍苍野茫茫，风吹草低见牛羊。"这是充满草原特色的游牧景观。"天似穹庐，笼盖四野。"幕天席地的网络思维，见财思得的快捷模式。

"你耕田来我织布，你挑水来我浇园。"这是典型的农耕方式，四季轮回，手工操作，滴自己的汗，吃自己的饭，自己的事情自己干。

游牧民族迁徙不断，逐水草而居。农耕民族稳定固守，耕读传家。网络不断开疆拓土，时刻想着搞出动静。传统媒体守着一亩三分地，自顾不暇。

游牧民族的男性基本全民皆兵，一道命令就能招出几万骑兵，一人三马或五马，速度惊人，常常能打一个措手不及，然后掉头跑入草原深处，遁入茫茫大漠当中。农耕民族习武像做操，培养一个骑兵成本极大，要完全脱产训练，要找场地，要发军饷，要包伙食，即使是最强盛的中原王朝也养不起太多精锐的骑兵。农耕的骑兵，面对居无定所的游牧骑兵，常常束手无策，追远了还常常迷路。网络媒体全民上网，个个都是用户。传统媒体触达率低，总是不停安慰自己要"影响有影响力的人"。

游牧民族的孩子，从小杀牛宰羊，司空见惯。农耕民族的后代，平时种地栽菜，闲来读书写字，杀鸡宰鹅，看着晕血。网络媒体平时打打杀杀，传统媒体很少生死相搏。

就战斗而言，农耕民族与游牧民族的对垒，形成了固定的作战方式。农耕民族稳扎稳打，步步为营，每当遇见匈奴骑兵，都会以弓箭手为外围，中间的是骑兵。先是发射弓箭，骑兵再冲出包围圈进攻。匈奴认清了这样的作战方式，主力躲着不见，汉军要决战难上加难。

霍去病抛掉所有暮气沉沉的打法，大胆"师夷长技"，头一次把匈奴人的战法送给了匈奴人。他重用骑兵，千里万里，忽焉而至，像风一样席卷而来，降者不杀，战者立灭。这样的打法是革新，是大汉将领想都不敢想的。

他迂回纵深，穿插包围，从最薄弱的环节对其实行毁灭性打击。他长途奔袭，直捣王庭，将匈奴的首脑机关捣毁。他取食于敌，以战养战。他孤军深入、出其不意。敢打敢冲，不惧生死。他信任匈奴籍将士，用人不疑，喜欢用最厉害的军队发起最直接的攻击，闪电战，斩首行动，快准狠。

霍去病第一次征战的时候 18 岁，也就一高中生。到去世的时候虚岁 24 岁，绝大多数人，连副科长都不是。霍去病的一生说明，年轻不是用来挥霍的，年轻就应该开拓新边疆。年纪越轻，走得越远；年纪越小，成就越大；学得越彻底，战功越显赫。匈奴未灭，何以家为？

在古代是这样，现代是这样，今后也是这样。农耕民族一样，游牧民族一样，传统媒体一样，网络媒体一样。

当然，传统媒体和网络媒体不是敌对关系，然而，"善师四夷者，能制四夷，不善师外夷者，外夷制之"，此理明白，此法未行。

取经定律

　　话说唐僧师徒四人，你挑着担，我牵着马，行走在去往西天取经的路上。

　　迢遥取经路很是坎坷，有情的精怪、无情的妖魔，为了一口唐僧肉闻香而来。层层叠叠的陷阱诡计，形形色色的刀山火海，样样都生死攸关，稍有不慎，万劫不复。

　　历经九九八十一难，尝尽千辛万苦，唐僧和徒弟孙悟空、猪悟能、沙悟净斩妖除魔、降妖捉怪，终于到达西天大雷音寺，取到了真经，修成了正果。

取经定律——

信息越来越多，真相越来越远

　　这是一个信息爆炸的时代，人们以海量来命名。如果要给海量一个说法，那就是，如今全球一年产生的信息量超过了既往五千年信息的总和，这个境况还在加速。

　　互联网时代，信息鱼龙混杂，真假难辨。泛滥的信息浩如烟海，真相被掩藏在浩渺的烟波里。如今稀缺的不是信息，而是真相，以及寻找真相的时间。

　　人们对信息的心态很复杂。信息量太少，不能满足人们的胃口；信息量太多，反而倒胃口。我们所处的时代，信息汹涌而来，看起来很丰富，其实很芜杂，面对信息盛宴，人们很是无奈。这有点像女士出门。女人最多的是什么？衣服；女人最少的是什么？还是衣服。满柜子的衣服，临出门就挑不出自己满意的一件。

　　面对 7 天 24 小时即时更新信息的挤压，人们产生了莫名的焦虑。五色迷目五音乱耳，到处都是海水，而我要找的真相被海水淹没，翻江倒海找不着。人们为此深感无力。于是，有人提倡简约，回到从前。有人高喊珍惜生命，远离手机。虽然效果不彰，也不失为一种抗争。

　　我们的判断一次次被颠覆，我们的理性一次次受到嘲弄，感觉寻求真相的路上处处都是妖魔鬼怪。人们终于发现，现代社会信息越来越多了，可我们离需要越来越远。泥沙俱下的互联网给人类增添了一项可贵的人文品质——怀疑精神。人们在网上看到任何信息，都会下意识地问：是不是真的？

这弱弱地一问，如震天的惊雷，似乎隐含着传统媒体新生的曙光。

网络把一个人见人爱的芙蓉美人变成风韵早逝的迟暮弃妇，传统媒体早已满腔幽怨，前不见古人，到处是来者。敢问路在何方？

脚下的路应该是权威性和公信力。有人认为，报纸一定还有市场空间，只是看你能不能抓住发展的关键。如果你像办新媒体一样去办报纸，那你一定失败。你也追求内容多、时间快，你多得过、快得过网络吗？所以，时间的稀缺性决定了受众对于新闻的选择越来越重要，谁能够帮他选择，他就看谁的。

读者就是唐僧肉，谁都想吃一口。这是一个牛骥同皂的信息社会，读者面临真相的蛮荒。为你选择，为你整合，为你评论，为你报道，善于从海量信息中看出端倪，洞察先机，捕捉真相，才是传媒人的真本事，传统媒体在退无可退的时候，还得一搏。

让你成功的，也让你失败。作为传统媒体的一员，真心希望看到传统媒体的再度崛起。看到传统媒体的"取经"团队，在帮助大家前行的时候，到达彼岸，成为传奇。

55

苏格拉底定律

古希腊哲学家苏格拉底个性鲜明，一生述而不作，类似于中国孔子，其言论和思想多由柏拉图和色诺芬记录。他与自己的学生柏拉图、亚里士多德并称"希腊三贤"。

生活中的苏格拉底，甘于清贫，食苦如饴。无论严寒酷暑，都穿着一件破旧的长袍，经常赤足行走，对吃饭也不讲究。有一天，他的几位学生怂恿苏格拉底去热闹的集市逛一逛，他们说："集市里的东西好多！有很多好听的、好看的、好玩的，有数不清的新鲜玩意儿，衣、食、住、行样样尽有。您如果去了，一定会满载而归！"他想了想，决定去看看。

第二天，苏格拉底一来，学生们立刻围了上去，问他集市之行的收获。苏格拉底说："此行我最大的收获，就是发现这个世界上原来有那么多我并不需要的东西。"

苏格拉底定律——

点击量越来越多，停留时间越来越少

这是一个物质极其丰富的时代，但是购买力极其稀缺。

这是一个信息极速生产的时代，但是关注力非常稀缺。

从繁复中看到简约，从繁华处看出落寞，就像苏格拉底看市场，我们也应该看看爆款的真假需求。

衡量一条新闻是否受到用户关注的通用标准是点击量，10万＋是起步价，过亿点击量是顶流的追求。媒体单位所谓的"百亿工程"，不是收入百亿或者资产百亿，而是"一百条点击量过亿的新闻"。

点击量是热搜榜的基本思维。一件事，点得越多，排名越前。点得最多，高居榜首。点击量也是新媒体任务考核的依据，没有达到一定的点击量，记者没有稿分。点击量越多，一篇稿件的"含金量"就越高。点击量还是地方政府判断本地发生事情的"美誉度"和"毁誉度"的基本标准。美誉度高，大家的好心情指数也高。毁誉度高，血压指数会随之飙升。

做电商的，对点击量的认识更深入一层。电商界发明了一个概念叫"跳失率"，就是来访店铺浏览量为 1 的访客数／店铺总访客数。即访客数中，只有 1 个浏览量的访客数占比，这个数值在 50% 左右属于正常。借用这种思维，所谓的"爆款"，起码有一半是"浮云"。

任何东西加一个维度来观察，就能看出不同，譬如从时间的角度来看爆款。如果以"点击率＋停留时长"来分析，就能更清晰地看出一个作品的受欢迎程度，这也是实现从数量思维到质量思维的跨越，更符合高质量发展的时代要求。

电商店家一直在市场游泳，他们认为，点击量是数量，时长是质量，转化率是核心。一个买家在电商的页面停留时间越长，证明对你的宝贝越感兴趣，成交的概率也更大。同理，读者、观众和听众，对你的作品是浅度点击，还是深度停留至关重要。只有点击量，没有停留时长，是"有缘没分"。加一"度"的观察，能去掉喧嚣，能挤掉泡沫。

很显然，苏格拉底是属于对物质需求甚少的那一类人，过的是不折不扣的低碳生活。一箪食，一瓢饮，在陋巷。人不堪其忧，苏格拉底也不改其乐。在生活上，苏格拉底相当于中国的颜回，或者说颜回就是中国的苏格拉底。他们一个共同的特点是，知道控制欲望，明白人生边界。

苏格拉底一无所需最像神，颜回也差不多。可惜，这样的贤德之人天不与寿，都过早地夭折。但是，他们的精神没死。读者就是上帝，比我们清醒多了，他们看清了"不需要"并身体力行。我们则要在他们不多的"需要"中，真正供给需求的"满足"。

还是商家厉害，如何减少跳失率和增加停留时长？增加产品吸引力。他们在描述上下功夫，也就是内容好。增加店铺专业性，也就是权威感。天天有活动，活起来动起来。设置关联产品，也就是延伸阅读。另外，电商比媒体更重视评论，而且舍得投入。譬如花几块钱让客户在自己店里写写好评，或者找专人做评论，10 元以内搞定。目的就是提高停留时长，对我们的启发就是想方设法提高阅读时长。

苏格拉底说，这个世界上有两种人，一种是快乐的猪，一种是痛苦的人。如果还沉浸在点击量的快感中，为点击量而点击量，那就既没有人道，也没有报道，只剩下"猪道"。

56

田父定律

　　霸王别姬后，项王带领麾下八百壮士，深夜突破重围向南奔走，汉军到天亮才发觉，急派五千骑兵追赶。

　　项王渡过淮河，仅有百余骑兵能跟得上。到了阴陵，即现在安徽的定远，迷失道，问路田父，也就是农夫，那个无名的农夫骗他："向左走。"左走，结果陷入大泽，被汉军追上。

　　项王风驰电掣"快战"后，来到乌江边，乌江亭长将船靠岸，请求项王速速过江。项王笑着说："天要亡我，我渡江又有什么意义。我与江东子弟八千人一起渡江向西征战，而今无一人回来。纵江东父兄怜而王我，我何面目见之！"于是令骑兵下马交战。项王独自一人杀汉军数百，他身上也受伤十多处，最后自刎乌江，一代战神落幕。

田父定律——

成也群众，败也群众

有句俗语说："易涨易退山溪水"。对于互联网背景下的媒体而言，另外一句话是："易反易覆众人心"。

过去的众人叫读者，现在的众人叫用户。无论读者还是用户，变的是名称，不变的，是拥有，或者失去。

传统媒体人都留恋往日时光。在媒体的旧江山里，一纸风行，一台称大，一言九鼎，人皆莫敢仰视，无人敢撄其锋芒，从业者个个具有"无冕之王"的风采。

细想之下，无论新旧媒体，其底气皆源于受众。

就传统媒体而言，一贯的做派是，对读者或听众，嘴上重视，行动漠视；战略重视，战术无视。这固然包含有思想上的问题，最主要的还是手段和技术的问题。真正轻视受众的媒体可能有，绝不多。最大的问题是，对读者见不着、抓不住、把握不了。旧媒体世界观很端正，方法论不周正。

由此想到了"群众"一词。群众主要是个政治词汇，一般表示"党员"与"群众"的区别，"干部"与"群众"的区别。新媒体语境之下，以微信为例，"群众"有了新的含义。我们加入了各种各样的群，有家庭群、朋友群、同学群、公益群等，我们都是群里的一分子。某种意义而言，每个人都有了一个新身份——"群众"。大家都忙忙碌碌加群或者退群，出于此，入于彼，无论是聚群而居，还是离群索居，总体上，我们都是"沉默的大多数"。

沉默不是无力，更不是可有可无。在司马迁笔下，项羽的大开大合、大起大落，令人唏嘘、让人不平。然而，英雄末路的细节往往被人忽视，譬如"历史的无名氏"田父、亭长、八百壮士、八千江东子弟，他们都是细节，细节决定成败。

有人喜欢假设历史。杜牧在《题乌江亭》中猜测："江东子弟多才俊，卷土重来未可知。"王安石在《乌江亭》也猜："江东子弟今虽在，肯与君王卷土来？"

来与不来，俱是人心。得失之间，江山易主。

邵平定律

57

邵平入正史，以瓜，又不仅仅以瓜。

《史记》载，邵平者，故秦东陵侯，也就是秦国的一个侯王。东陵是秦始皇的祖坟，这里埋葬着他的曾祖父母、父母，还有宣太后——现在大家都知道她的名字叫芈月。这么重要的地方，在"事死如事生"的年代，让邵平来掌管，不论是世袭还是初任，都说明他不一般。

可惜时移世易，司马迁说他："秦破，为布衣，贫。"一个前朝旧臣，过去的政治地位归零，经济基础估计也成负数，连生计都没有着落。这时他有两种选择，一是不食周粟，饿死东陵守节。二是不做遗老遗少，等待新朝收编。可惜，第一做不到，第二等不来。

邵平定律

于是他就走第三条路，"种瓜于长安城东"。毕竟是聪明人，他种的瓜非常香甜，供不应求，成为世人称道的"东陵瓜"。

邵平定律——

转场之后依旧出爆款成网红

在旧疆域里拼了老命得来的地位和地盘，在新世界可能一文不值。

当传统媒体面对新媒体，某种感觉和这很类似。

不是说没有传统的自信，也不是谁抛弃了谁，纸媒和广电的尴尬，是技术、市场、用户和自己的合谋造成的。

有更便捷和低价的选择，市场自然倾斜过去。有新技术的不断赋能，好的愈好坏的愈坏，多的愈多少的愈少，富的愈富穷的愈穷。生产者自己一边是过去的荣耀，一边是新的不确定性。在首鼠两端、举棋不定的时候，渐渐看不懂新世界，更可怕的是看不见新世界。等到脚下的冰川消融，就被新世界的狂涛吞没。雪崩时，每一片雪花都不是无辜的。实际上，雪崩时，每一片雪花都说自己是无辜的。

这是一场世纪变革，无人置身事外。

传统媒体人应该做新世界的主人，不怨天不尤人不信命，静下心来，在新世界辛勤劳作，转场之后也能结出甜美的果实才是真本事。

在司马迁的眼里，邵平不是普通的农人，而是个极富政治头脑的人。他下能做瓜农，上能做参谋。

譬如，萧何与吕后合谋诛杀韩信后，刘邦拜萧何为相国，益封五千户，令一都尉带领五百士兵护卫萧何。"诸君皆贺，邵平独吊。"他给萧何分析，你都不想想，那五百名士兵是干什么用的？其实是那位疑心太重的刘邦，怕你谋反，让他们来监视你的。你要推辞掉所有的封赐，并将自己全部的家产献出来支援前方才能免祸。相国从其计，高祖乃大喜，从此更加信任萧何。

只有自食其力，才能人格独立。如果在萧何那里讨生活，自然会被带偏节奏。因此，邵平多为历代文人称颂。

温庭筠有"醉收陶令菊，贫卖邵平瓜"。王维评说"路旁时卖故侯瓜，门前学种先生柳"。唐代诗人陈润在《东都所居寒食下作》中说中了媒体融合的现状：更喜瓜田好，令人忆邵平。瓜田在，人不在，最忆具有开拓精神的东陵故侯。

因此，几千年前的那几亩瓜田，至今香气袭人。

58

齐女定律

东汉泰山太守应劭博览多闻，《后汉书》专门为其立传。他是著名学者，著述丰富，在当时就得以流传。他撰写了《风俗通》，用来辨别事物的类别及名称，解释当时世俗的疑惑。"齐女两袒"的故事，就来自他的记述：

齐人有女两家求。东家子长得丑但很富有，西家子姿容俊美但家境贫寒。父母左右为难，就告诉他们的女儿："两户人家各有长短，你自己来决定嫁给谁。你要是现场不好意思亲口指出喜欢谁，就不用说出来。你愿去东家，就露出左手；你愿往西家，就露出右手，我们就知道你的意思。"

他们的宝贝女儿袒露出两只手，父母百思莫解，这姑娘想让我们有两个姑爷？就问她"两袒"是啥意思。女儿说："我想在东家吃饭，在西家睡觉。""东家食，西家宿"是也。

齐女定律——

所谓媒体融合，就是啥都想要

物之不齐，物之性也。趋利避害，人之性也。世事不外乎人情，故而有"两袒"。

东食西宿是"两袒"，媒体融合是"两袒"，传媒领域处处"两袒"。

采编之间，采编经营之间，新老媒体之间，事业产业之间，内勤外勤之间，年轻年老之间，各有各的好，各有各的难。从专业的角度来看，每个岗位都不能少，每个人都不可缺，都应该往深里走，往实里行，岂因祸福避趋之？

互联网改变了人的心性，以融合而论，在有的人眼里，每个新闻从业者都要做到十项全能，能采会编，能说会道，能出镜能剪辑，能美貌如花，也能赚钱养家。这样的人不是没有，只是很少。一个单位三五个，就得天天烧高香给供着。而且他们能力足够，不会天长地久。这样的"齐女"百家求，最后谁求都没用，他们都会自己创业，都会自立门户，离开新闻单位，自己去干，自己赚流量，自己挣大钱。

从另外一个角度也能看出"齐女"的轨迹。互联网历史日浅，现在头部的大 V，那些火红的人物，如果回溯，基本在新闻单位干过。有人就问，为什么他们一个人啥都能干？其实，每个大神后面，都有团队，并不是一个人在战斗。新闻单位的现状是，几乎都是一个人在战斗，资源的集并、后方的支援、团队的配合很让人抓狂。"两祖"的心思，在员工这里逐渐平息，在领导那里却总是存在。

早年看过这个故事，以为是个笑话，笑人两利兼得，各方面的好处都要。笑人者被人笑，在媒体融合的路上，我们人人都是"齐女"，时刻都想"两祖"，如果有得挑，这是最优选。

"两祖"积极地看，是追求美好生活；消极地看，是想免责。既要里子，又要面子。既要样子好看，也要钱财好用。

宋代诗人范成大在《偶书》里把"齐女"心思说得明白，剖析得也到位：出处由人不系天，痴儿富贵更求仙。东家就食西家宿，世事何缘得两全。

"两祖"是"鱼和熊掌"的孪生版。

59

无底船定律

　　话说唐僧等人，往着灵山徐徐步行，见到一道活水。只见滚浪飞流，约有八九里宽阔，四无人迹。

　　三藏心惊道："悟空，此水这般宽阔，这般汹涌，又不见舟楫，如何可渡？"行者笑道："你看那壁厢不是一座大桥？要从那桥上行过去，方成正果哩。"长老等近前看时，原来是一根独木桥，又细又滑，无法落动脚。三藏道："悟空，这桥不是人走的，我们别寻路径去来。"

　　说话间，忽见那下溜中有一人撑一只船来，长老大喜，等船撑近岸边时，三藏见了，又心惊道："你这无底的破船儿，如何渡人？"正在惊疑间，孙悟空叉着膊子，往上一推，唐僧"骨碌"地跌在水里，早被撑船人一把扯起，站在船上，其他人也上了船。

这时，只见河的上头淌下一具死尸，长老见了大惊。行者笑道："师父莫怕，那个原来是你。"八戒也道："是你是你！"沙僧拍着手也道："是你是你！"那撑船的打着号子也说："那是你！可贺可贺！"不一时，无底船稳稳当当地过了凌云仙渡。唐僧脱却凡胎，轻轻跳下船，抵达彼岸。

无底船定律——

能笑出来的，都是转型成功的

传统媒体转型，应该是人人都想的。只是有人主动，有人被动。大多数从业者和机构，则是被时代浪潮裹挟前行，成为转型的"随大流"，你有我有全都有，所谓的"全媒矩阵"，其实是小而全，杂而乱，并不出众。

横亘在传统媒体前面的，是一道"滚浪飞流"的活水，也就是我们常说的"数字鸿沟"。跨越这条"活水"，方法不止一种。你走你的阳关道，我过我的独木桥，皆可修成正果。然而，独木桥"又细又滑"，成功率不高。理想中的阳关道当然最好，可惜至今没找到。

当然，踏平坎坷也能成大道，或者是沿着别人走出的路"跟投"，一般来说，走着走着，走投无路，大道总是太拥挤。无数的经验和失败告诉我们，坦途不是正途，人多的地方是红海，方留恋处，最不中留。

所以还得独辟蹊径，"蹊径"不止在陆地，天上亦可，水路也行，唐僧的"蹊径"就在这条河里。渡过眼前的河，方法也不少，三徒弟们可以飞过去，白龙马自不在话下，水里本来就是他的家乡。唐僧的选择有二，或者是过河上的独木桥，或者是"一苇渡江"，只是条条路都不好走。

就是坐船，老的交通工具不一定过得了新的河流。看着是渡船没底，主要是心中没底。心中没底，行动踌躇，这时要有外力推动。于是泼猴"叉着膊子，往下一推"，将唐僧推入水中。此时如果没有接应，离开了此岸，还没到达彼岸，两头不靠，在水中扑腾不了多久。"撑船人"此时出手，分寸拿捏得极好。

有人推，有人拉，转型融合才可以过大关。在传统媒体的现实图景里，除了机关报和卫视，其他的报台，都在水里扑腾。面对市场大潮，有的停刊，有的合并，有的取消番号，总之很是煎熬。转型就是直面生死，笑出来的，都是有道行的人。笑不出来的，就淌走了。转型都是笑的少，哭的不少，哭笑不得的是大多数。所以，世上唐僧少，寂寂无闻者多。

转型总是在路上，改革依旧过大关。传统媒体就是航行在"这般宽阔，这般汹涌"河水上的一艘纸船。就船而论，我们要迅速迭代升级为木船，升级为钢体船，或者为潜艇，或者为旗舰，当然，大家说得最多的就是变成为"航母"，这不是一艘船，是一个大的战斗编队。现实中没有的，话语体系里都有。

面对那条河，唐僧没有笑，他感觉自己的转型还有待确认。

面对转型之河，我们没有笑，我们感觉自己也是取经路上的唐僧。

60

屠龙术定律

　　庄子在《杂篇·列御寇》里三言两语讲了一个很经典的故事："朱泙漫学屠龙于支离益，殚千金之家，三年技成而无所用其巧。"

　　用现在的话说就是，有个叫朱泙漫的人，不惜倾家荡产跟着支离益学习屠龙术，耗尽了千金之家的全部积蓄，三年之后学成归来却无龙可屠。

　　有人从中看出执着，不仅耗费大量的时间和金钱去学习，历经挫折仍然坚信有龙的存在。有人从中看出失落，空有一身本事，毫无用武之地。有人从中看出世象，支离益是个大骗子，朱泙漫是个智力障碍者，至今这样的骗子和智力障碍者还未绝迹。最通用的看法是，看起来很高超的理论和很炫酷的技术，却严重脱离实际。

　　好的作品，都有好的代入感。两千多年前的庄子，至今仍然让人着迷。

屠龙术定律——

无用之用，或有大用

新闻是有用之学，经世致用。新闻是有用之术，匡正时弊。因此，从业者都应该有一身好武艺，都应该有几种标配。

至于屠龙术嘛，那些大而无用、虚头巴脑的东西，少来。空谈误国，实干兴邦。

然而，无用有时是大用。

深度算法现在看，有大用，对新闻界尤其具有颠覆性。但是，在2000年前后，"深度学习三巨头"约书亚·本吉奥、杰弗里·辛顿、杨立昆在研究这个的时候，大家都不看好它的用途，他们自己也不知道将来有什么用。在这一点上，他们绝对不如朱泙漫和支离益。杨立昆在当时还设计出了一个简单的人脸识别系统，也没有引起太多科学家的重视。随后，以杨立昆为代表的这一小撮"屠龙者"仍在默默坚持算法研究，不怕被视作"蠢货"。正是这些研究成果，奠定了今天深度学习算法的基础。如今，"深度学习"开始以摧枯拉朽之势在各个领域展示出它的优势。

现在的世界，都和数字相关。往历史深处看，生于公元前约580年的古希腊数学家、哲学家毕达哥拉斯，绝对是"异域的支离益朱泙漫"。毕达哥拉斯用数来解释一切，宣称数是宇宙万物的本原，研究数学的目的并不在于使用而是为了探索自然。

他认为"万物皆数",数是众神之母,是普遍的始原。用"数"来统领一切、解释一切,在当时来看,十分"屠龙"。

香港科技大学首席副校长郭毅可院士说:"科学就是研究一些扯淡的事。"此言可以屠龙。

新闻界总是忙于各种事务,对战略,对未来,少有关注和用心。全世界的新闻界走到今天这步田地,和"有用"的价值观紧密相关。我们应该转换思维,不存在的"龙",可能是未知。把一切能飞的,都看成龙,就有用了。媒体人,应该从繁重的日常中,抬起头,看看天,想想龙。

朱泙漫、支离益是庄子假设的人物。望文生义来看,"朱"应该从"渚"来理解,渚者,水中小块陆地也。泙,是水声。漫,水向四面八方流淌。"朱泙漫"的意思是水流激荡。支离,指分散,引申为散乱没有条理。益,本义为水充满而向外。"支离益"的意思水自在流淌。"朱泙漫·支离益"就是水的状态,上善若水,水处下不争。别人看着无用,其实总有大用。因此,我们应该"逍遥齐物""人法地、地法天、天法道、道法自然。"

人总得有些无用之用的爱好或者技能。

《出关》 龙二/绘

辑四 进阶靠修炼

61

风陵渡定律

蚩尤作乱，不用帝命。于是黄帝乃征师诸侯，与蚩尤战于涿鹿之野。蚩尤作大雾，黄帝将士不辨东西，迷失四方。这时，黄帝的臣子风后献上自己制作的指南车，上有木仙人，车虽万转而手恒指南。有了指南车，大军明白了方向和方位，终于战胜蚩尤。风后去世后埋葬在这里，是为风后陵。

万里黄河，九曲回环。在中游转向下游河段，划分出山西与陕西、河南的省界。山川地理如此安排，造就了风陵渡这座与华夏民族一样古老的渡口，它是黄河上最大的渡口。一个古渡口，中国五千年。

风陵渡是郭襄的不肯忘。踏入金庸的武侠江湖，书中说，那天的雪下得极大。恰值豆蔻年华，十六岁的郭襄在风陵渡口，在一群侠客的谈笑声中初闻杨过，暗自倾心。此后行遍天下，只为追寻，却不可得。"风陵渡口初相遇，一见杨过误终身。只恨我生君已老，断肠崖前忆故人。"一段情愫一份缘，一生一世不改变。

风陵渡定律——

曾经迷失，总是忘记

很多人和事，看起来光鲜，走近了不堪，传媒行业是也。

每年的毕业季，众多学子将简历投入新闻单位，录取后千里万里纷纷入职。凭借的，其实就是别人的只言片语，或者是自己关于记者的碎片化印象。这点上，大家都是郭襄。

无论对人，还是对事，少年心性，容易被雷霆击中，从此万劫不复。这到底是好，还是不好？

做传媒，不是朝九晚五，不是 996，而是 365×24。光时间投入还不够，干新闻，需要才情，需要激情，需要悟性，需要行动力。真不是想干就能干得了的，加之收入不高，奔走操劳。加之现实世界，诱惑众多。干着干着，非常吃力，就会发现职业的坡度变得更为陡峭，就会感觉时刻在经历社会的"毒打"。于是有人心生怀疑，有人中途变卦，转而他投。正应验了那句话："初心易得，始终难守。"

道路被水隔断的地方，若是没有桥，就会有渡口。所以，渡口不仅是路的延伸，也是船的起点。无数人辗转此处，或自渡，或渡人，大多数人是半渡而栖迟。

天下有不顺者，黄帝从而征之，未尝宁居。当蚩尤的迷雾飘进将士的心里，轩辕黄帝指明方向，开创了五千年的文明时代。郭襄走遍江湖，最后的最后，在 41 岁时大彻大悟，开创峨眉派。

人生有渡口，职业也有渡口，大家拿的都是单程票。林语堂赴大学演讲时，感慨道："小时候感觉自己什么都不懂，总是喜欢提各式各样的问题；上了大学，有了一些知识，就觉得什么都懂；毕业走向社会，发现自己其实什么都不懂；人到中年，有了一些经验，又觉得什么都懂；直至晚年方才有些觉悟，原来很多事还是搞不懂。"

怎么办？还是金庸先生说得好："人生，就是大闹一场，然后悄然离去。"

只要不停追寻，就能开拓新境界。为了打败敌人，为了找到爱人，为了做好事情，如出一辙。有爱的目标，有追寻的方向，加上锲而不舍，即使达不到目的，也有意外收获。

不信你试试。

62

紧箍咒定律

　　五指山上下来，孙悟空一路打打杀杀。打杀猛虎做衣服，打死剪径六毛贼。唐僧怕杀生，对他一顿数落。原来这猴子一生受不得人气，他见三藏只管絮絮叨叨，按不住心头火发，就使一个性子，将身一纵，说一声"老孙去也！"撇得那长老孤孤零零，点头自叹，悲怨不已，道："这厮！这等不受教诲！我但说他几句，他怎么就无形无影的，径回去了？"

　　观音菩萨此时送来一领绵布直裰，一顶嵌金花帽，并传授一套"定心真言"，又名做紧箍儿咒，让唐僧暗暗地念熟。孙悟空气消之后回来，看到这些光艳艳的东西，满心欢喜，就中穿戴整齐。唐僧默默地念那紧箍咒，很是见效。从此戴着金箍西行十四载，一直到灵山。如来对师徒四人加上白龙马升封完毕，孙悟空却惦记一样东西：师父，此时我已成佛，与你一般，莫成还戴金箍儿，你还念甚么紧箍咒儿？趁早儿念个松箍儿咒，脱下来，打得粉碎。

唐僧道："当时只为你难管，故以此法制之。今已成佛，自然去矣，岂有还在你头上之理！你试摸摸看。"行者举手一摸，果然无之。

紧箍咒定律——

内化于心，外化于行

"没有规矩、不成方圆"。各行各业都有需要尊崇的规律，都有必须遵守的纪律，都喜欢每个人的自律。

规律是不以人的意志为转移的，纪律是为维护集体利益并保证工作进行而要求成员必须遵守的规章制度，自律是指行为主体的自我约束、自我管理。这三者，就是客体、主体和集体，需要在人身上得到有机融合。紧箍咒则是对越线者的约束，是对规矩的提醒。

做记者，规矩多。政治的，廉洁的，保密的，都很重要。新晋者，首要的一条，就是对各种规矩的了解。入行前，大家都是学生，对知识的态度是求知若渴，但是，对规矩的态度则是敬而远之，甚至有种心底的不情不愿，认为约束的反面就是不自由。不自由，毋宁死。

其实，真的成大事者，都有一种共同的成长模式，就是将各种纪律当作知识来学习，学习之后产生信念，最后体现在行为上。从知，到信，进而到行，贯彻其中的，就是一个"真"：真知、真信、真行。只有这样，你才真的很行。

新闻行业，一直支持年轻人挑大梁，鼓励晚辈后生冒尖。同时，又有一种典型地说一套做一套的口是心非。如果工作中违反纪律，出了事故，大伙脱口而出的就是"小编当家、小记话事"。我从不说"小编""小记",感觉话语体系里有种轻慢和蔑视,是贬义词。我们所有的目的,就是要让年轻的编辑和记者成为中流砥柱,成为当家人,成为话事者。从规圆矩方的要求中随方就圆,达至自由。

孙悟空有真本事,但也真不好管。换个方式说,孙悟空很能干,但很没规矩。开始时,金箍着实成了孙悟空挥之不去的梦魇:伸手去头上摸,似一条金线儿模样,紧紧地勒在上面,取不下,揪不断,已此生了根了。默念那紧箍咒一遍,把个行者痛得打滚,竖蜻蜓,翻筋斗,耳红面赤,眼胀身麻。此后,孙悟空知道有管束,唐僧也感觉有抓手。

紧箍咒又名"定心真言",不念,不懂规矩;老念,捆住手脚。职场中人,最难得的是自觉。著名作家梁晓声从文化的角度说:植根于内心的修养,无须提醒的自觉,以约束为前提的自由,为别人着想的善良。紧箍咒的故事,说的是一个规矩的故事。因为紧箍咒,孙悟空变了个人,从无拘无束的泼猴,到修成正果变成真佛。

众善奉行,诸恶莫做,是佛。佛就是规矩。只要懂规矩,泼猴能成佛。人人都是孙悟空,人人都有紧箍咒。既要戴在身上,更要戴在心里。有形的可以取掉,无形的融入自身。

这才是遵纪守法的最高境界,也是媒体人真的入道。如能明此理,就是取得真经,就是无量佛。

扫地僧定律

　　在金庸的《天龙八部》里，扫地僧出场的时候，正是萧峰酣战之时。

　　忽听得长窗外传来一个苍老的声音。大家听了，都是吃了一惊，怎地窗下有人居然并不知觉？而且听此人的说话口气，似乎在窗外已久。慕容复"砰"的一掌拍开窗户，只见窗外走廊之上，一个身穿青袍的枯瘦僧人拿着一把扫帚，正在弓身扫地。这僧人年纪不小，稀稀疏疏的几根长须已然全白，行动迟缓，有气没力，不似身有武功的模样。

　　五人一起凝视着他，只见他眼光茫然，全无精神，但说话声音正便是适才称赞萧峰的口音。萧远山和慕容博这两个死对头，在少林寺藏经阁潜伏了几十年，自以为天知地知人不知。未曾想，扫地僧全都知。

萧远山最初来偷经之时，他看到了。慕容博来偷时，他也看到了。前几年，天竺僧波罗星来盗经，他依旧看到了。他还看到了众人因为练功错误而受的内伤，也曾三次提醒少林寺"二百年来武功第一"的玄澄大师，但玄澄大师始终执迷不悟，导致一夜之间，筋脉俱断，成为废人。

他不仅见识广大，佛学方面也造诣深厚，而且身怀无敌于天下的武功，动手能力极强。最后他救治萧远山慕容博并收二人为徒。

这位堪称高手中的高手，武林中的珠穆朗玛，强大而又神秘，然而，他只是一个无名无姓的扫地僧。没有人知道他从哪里来，无人知道他要到哪里去。

扫地僧定律——

不声不响练就一身真本事

大多数人都是默默无闻的，默默无闻并不意味着啥都不干。有人在无人关注的时候，勤学苦练，最后身怀绝技，譬如扫地僧。

扫地僧只是少林寺操执杂役的服侍僧。服侍僧虽是少林寺僧人，但只剃度而不拜师、不传武功、不修禅定、不列"玄、慧、虚、空"的辈分排行，除了诵经拜佛之外，只做些烧火、种田、洒扫、土木粗活。说到底，就像刚入职的年轻人，也许连编制都没有。

大学毕业，进入单位工作，是新鲜血液，也是金字塔的底层。老员工只在开头三天把你当作新同事，之后，你就和工作几十年的大神同台竞技。工作量是一样的，压力是一样的。不一样的，是待遇和本事。

如何是好？

首先，要和其光同其尘，融入群体，宠辱不惊。年轻人，没资历、没资源、没资本，有的是未来的日月。所以，就多干些办公室的杂活，多跑跑腿，多听听差。其次，嘴上甜些，见长辈叫"老师"，见领导问声好，见到和自己差不多的点个头。做到这两点，基本上可以在"藏经阁"扫地了。最主要的是第三点，在默默无闻时修炼绝世武功，长期、持续、深入地进行业务学习，一点一滴地打好基本功。此时要低眉顺眼，要抵挡住诱惑。一定要时刻念叨：鹰立如睡，虎行似病。水低成海，人低成王。

金庸的武功体系大要分为三类：内功、外功和心法。内功是内在的修为，外功是外在的技巧，心法则是理论体系。入职新员工在修炼内功时要靠悟，多向书本和别人的作品学习。修炼外功要多向身边的人学习，放开腿练脚力走向火热的现实。修炼心法要多掌握专业知识和理论边界，形成自己的世界观。

道路千万条，行动第一条，第一条就是"扫地"。一屋不扫，何以扫天下？扫地也是修炼。佛教认为，扫地有五种功德，自除心垢、除他心垢、诸天欢喜、端正相貌、增长功德，认真扫地的人，命终当生于天上，也就是说，终当有所建树。

"侠之大者，为国为民。侠之小者，为友为邻。"20 岁偷的懒，会成为 30 岁困住你的墙。40 岁的人生高度，藏在 30 岁的努力里面。

因此，扫去诱惑，快快练功。对于新闻单位的年轻人来说，啥功都可以练，唯独莫练逍遥功。

新闻单位如此入世，哪里有得逍遥？

　　曹操"挟天子以令诸侯"，汉献帝刘协万般不甘，秘下"衣带诏"，准备诛杀之，不料事情败露。曹操怒批汉献帝，你"生于深宫之中，长于妇人之手"，没有管理国家的才能，更不用谈带兵打仗。我为朝廷立下了这么多功劳，你居然想杀功臣？

　　南唐后主李煜性骄侈，好声色，不恤政事，不知稼穑艰难。他是天才词人，被俘前的作品柔媚入骨，被俘后的作品意蕴沉郁。王国维在《人间词话》里评说："故生于深宫之中，长于妇人之手，是后主为人君所短处，亦即为词人所长处。"

　　追溯发现，此语出自《孔子家语》。鲁哀公问于孔子曰："寡人生于深宫之中，长于妇人之手。寡人未尝知哀也，未尝知忧也，未尝知劳也，未尝知惧也，未尝知危也。"

深宫定律——

走不出深宫大院，成不了栋梁之材

　　每个人都是自己的王者，每个人都有自己的深宫。

　　过往是我们前行的物质基础，也是制约我们成长的路径依赖。

　　侯门深似海，宫门比海深。有一种深宫是学院派，学生腔，洋泾浜。说者无意，听者心慌。这样别扭的学生腔，越来越多地出现在传统媒体，网络上就更遍地都是。

　　什么叫学生腔？老舍先生说，戏曲里，旧小说里，往往讽刺秀才爱说"之乎者也"。秀才口中爱转文，这恐怕就是古代的学生腔。现代学生腔里，恐怕也有爱转文的毛病，话说得不通俗，不现成。他还说，学生腔是一执笔为文便摆起架子来，言不由衷，有现成的话不用，故意去找些不必要的词儿作装饰。这样写出的文章总没有多少生活气息，空空洞洞，说得多而含意少，咬文嚼字而欠亲切生动。写这样的文章的人总以为把"众所周知""然而所以"一用上便有了文学味道。我们要丢掉这个架子，这个不好的习气。事实上，好文章不仗着空洞的修辞来支持，而必须有生活气息，最好是亲切动人。

　　老舍是文章大家，对于学生腔，他把脉病症，开出药方。

　　在大众媒体里，不只有学生腔，还有"三腔"值得警惕，让人生厌。一是官腔。讲起话来语气硬，说一不二，不允许质疑。二是"花腔"。讲起话来华而不实,"用嘴哄人"。三是"公文腔"。讲起话来像读"文件",呆板干巴,"不近人情"。久而久之,一些记者言谈举止、行文风格也沾染了这些不好的习气。

当然还有很多不接地气的"南腔北调",广电的"播音腔",报业的"八股腔",网络里的"油腔""唱腔""哭腔"更是集大成。入职为记者,长在传媒界,宜迎风生长,忌温室开花。

在曹操眼里,衣带诏幼稚,救不了汉献帝自己。在后人眼里,填词作赋风雅,救不了国家。在孔子眼里,哀公已知之矣,所以他孔丘也没什么可多说的了。同样"生于深宫之中,长于妇人之手",汉献帝不自知,李后主知也不知,鲁哀公知不知也。知道是觉醒,是一大进步,知难行不易,革命靠自觉,勇于自我革命才是我们最鲜明的品格。刚毕业入职的新闻人,是新闻界的未来。陈独秀先生有言:"青年如初春,如朝日,如百卉之萌动,如利刃之新发于硎,人生最可宝贵之时期也。"新人对新闻行业,有真不知,有一知半解,皆属正常。知之为知之,不知为不知。

初生牛犊不怕虎,关键是行动。动起来基因就会改变,由牛犊而变身为虎虎生威的王者。

师徒定律

　　唐三藏和三个徒弟西天取经的故事，意蕴深深。仅他们的名字，就很有说道。

　　石头缝里蹦出的猴子，五官具备，四肢皆全。无父无母，无名无姓。菩提祖师依着"猢狲"的形象取个姓氏为"孙"，就着门中十二辈分排序到"悟"，与他起个法名叫作"孙悟空"。

　　孙悟空收服了猪八戒后，唐三藏也要给他起个法名，早晚好呼唤。猪八戒报告说，观音菩萨早已与他摩顶受戒，并起了个法名，叫作"猪悟能"。

　　在"鹅毛飘不起，芦花定底沉"的流沙河，最后一个师弟沙和尚出场。当对上"东土取经人"暗号之后，沙和尚诚心皈依，唐僧要给他起名，沙和尚说，向蒙观音菩萨教化，指河为姓，也起了个法名，唤作"沙悟净"。

　　至此，唐僧取经天团组队完毕，悟空、悟能、悟净和师父一起，开启了十万八千里的创业之旅。

师徒定律——

师傅领进门，修行全靠"悟"

遥迢取经路，只有一个字：悟，或者一个词：由迷转悟。

采访之法，写作之境，编辑之途亦如是，关键是悟性。

新闻工作者的成长，1% 靠别人棒喝，99% 靠工作磨炼。不经历九九八十一难，连门都摸不着。经历了九九八十一难，或许就被淘汰。

很多的东西都不立文字，属于暗知识。对此，唯有悟。悟物悟理、悟心悟性，说到底是悟道，道不远人。

唐僧的三个徒弟，代表的是悟道的三重境界：悟净、悟能、悟空。

初入职场，全是困境，也全是羡慕。周遭都是能人，写消息的，倚马可待。写通讯的，洋洋万言。写评论的，鞭辟入里。更有视频的小伙伴、导演的大师兄，都是神一般的存在，让人眼花缭乱。想想自己啥都不会，就想着啥都要会。结果，东一榔头西一棒，无奈进步不大。加上"工作几十年，就看头三年"的咒语时刻响起，心底恐慌不已，让人坐卧不安。假如我们一时没有冒尖，此时真的要保持清净心，看清方向，明确自己的优势，选择自己的突破点。一般来说，从容易做起，从兴趣开始，去芜杂存精粹，做个沙和尚：悟净。

等到日常工作拿得起放得下的时候，要耐得住寂寞，抗得住诱惑。新闻界的诱惑包括"身在曹营心在汉"，干着新闻的事业，想着自己的产业。也有"这山望着那山高"，曾经的同路人，有的升官，有的发财，自己容易把持不住。更有对各种纪律有意无意地松懈，在欲望河边走，要戒掉杀、偷、淫、妄、酒、奢、惰、吃，守住这八种戒律，即守住了边界。否则，小的犯业务错误，大的犯政治错误。做什么是"能"，不做什么更是"能"，各种规矩不能少，因此要以八戒为警示：悟能。

目标精准、能力强悍并非万事大吉。面对新时代新环境，老媒体人要更新知识和技能，新媒体人要面对风险和竞争，新老媒体人要在更高层级上和合而生。过去的经验和积累，有可能是失败之父，让人万劫不复。面对变幻的时空，要时刻放空自己，做到空身、空心、空性、空法。职业生涯如人生，最后要归零，重启新的人生，又开始新的悟道。生而不有，为而不恃，长而不宰。林肯说："能力会让你达到巅峰，但只有品德才能让你留在那里。"在漫漫业务路上，要长真本事，只有一步一步走下去，没有任何捷径，决不可以取巧。一路上的妖魔鬼怪不是别人，正是自己的心，是自心的外化。因此，要苟日新、日日新，学习猴哥好榜样：悟空。

新闻单位是政治机关，在这里工作的每个人，都必须不断提高政治判断力、政治领悟力、政治执行力。"三力"中，领悟力是关键。政治能力强，需要政治领悟力强，政治判断力和政治执行力能否有效对接，要点在于政治领悟力。

固化的、僵化的、板结化的思维和行为，风流总被雨打风吹去，提升个人能力靠"悟"。林清玄用拆字法，把悟字，解释为"独对我心"，很有道理。人生就是取经，成长还是靠悟。悟净、悟能、悟空既是求佛问道的三重境界，也是业务精进的三个层面，层层递进，渐入佳境。因此要勤修戒定慧，熄灭贪嗔痴。

果能此道矣，虽愚必明，虽柔必强。

钧瓷定律

许昌是三国旧地、曹魏故都，"闻听三国事，每欲到许昌"。许昌还是宋代五大名窑之首的钧窑所在地。源于汉、兴于唐、盛于宋的钧瓷，一直披着神秘的色彩。特别是自宋以来，钧瓷只能皇家使用，不许民间收藏，素有"黄金有价钧无价""家有万贯，不如钧瓷一件"之誉。

钧瓷的迷人之处在其窑变。瓷器在烧造时，出现了非人力、超预期的变化。泥胎在烧制前后大不一样，"瓷有同是一质，遂成异质；同是一色，遂成异色者。"专家说，研究一辈子钧瓷，没有读懂的是窑变。钧瓷无对，窑变无双。千变万化，意境无穷。"入窑一色，出窑万彩。"素有巧夺天工之美，真正体现出火的艺术。

钧瓷定律——

社会是个大熔炉，是否成器看火候

同学少年都不贱，进入社会前都是素瓶白胎。

然而，走着走着却发现，原来高考录取通知书才是我们人生的最高峰，生活的幽默带黑色。

成才成功有多种标准，更有不可比拟的机缘巧合。具体到一个人，升官发财是成功，成名成家是成功，自性圆融也是成功。不能以此成功傲视其他成功，不能以物质否定精神。

但是，从媒体专业来说，成才还是有一定之规。人民日报前副总编梁衡对年轻记者说："五年看稿，十年看人。"就是说，毕业五年内，他写稿行不行，就能看出来。十年之后，成不成才也能看出来。如果不行，就要另起一行，选择新的适合自己的职业通路发展。

从现实观察，互联网背景之下，青年记者编辑的成才速率加快，时间缩短。三年业务显高下，五年职业出差异，十年之后，一箭之遥，再之后，没有之后了。

当然，永远有例外，不排除大器晚成者。试玉要烧三日满，辨材须待七年期。有人三五年看一生，有的人，人生高潮在最后。

社会是个大熔炉，能熔掉自己身上的傲气、戾气、怨气。同时也是大染缸，能让你沾染上绿色、黑色、黄色。社会还是个大盲盒，丑小鸭变白天鹅，灰姑娘成白雪公主，也可能灰姑娘依旧灰头土脸，王子还是黏糊糊的青蛙。无论你是谁，不管来自何方，走进社会再走出来，就有一万种可能。

有时，"窑变"也是"妖变"。

夸父定律

　　大荒之中，有山名日成都载天，拔地而起，高与天齐。这里住着幽冥之神后土的后代夸父。

　　夸父双耳挂着两条黄蛇，手里拿着两条黄蛇，与日逐走。当他追赶到太阳将要落下的地方虞渊时，觉得口干舌燥。饮于河渭，河渭不足，北饮大泽。未至，道渴而死。弃其杖，化为邓林。

　　晋代诗人陶渊明在《读山海经》诗中赞曰：夸父诞宏志，乃与日竞走。……馀迹寄邓林，功竟在身后。

夸父定律——

追求真相有时要付出生命的代价

太阳嘛，谁没见过。但是，你追过吗？就像真相一直都存在，你能将它大白于天下吗？

记者的天职是追逐真相，这种追逐要付出代价，有时是生命的代价，此理，古今中外皆然。

读新闻史，能感觉阵阵扑面而来的血雨腥风。

中国近代史上第一位被官府杀害的新闻记者是沈荩。

沈荩，湖南善化（今长沙）人。与"戊戌六君子"的谭嗣同等交往甚密。他在北京应聘担任一家日本报纸的记者。1903 年清廷与帝俄勾结，商定出卖东三省及内蒙古一带路政、税收及其他主权的《中俄密约》七条，沈荩获悉后，发表在报纸上，引发群情汹涌。清廷恼羞成怒，于 7 月 17 日将沈荩秘密逮捕。

当时，刑部要求"斩立决"，可是正值清廷操办慈禧太后生辰庆典之际，在慈禧太后的"万寿月"，例不"杀人"，慈禧太后懿旨，改为"立毙杖下"。刑部立即动手，特地制作了一块大木板。但是，衙役对行杖之法，素不谙习。故打至二百余下，犹未至死。沈荩"血肉飞裂""骨已如粉"，始终未出一声。刽子手都以为他已经死了，没有想到他在台阶下发出了声音说："何以还不死，速用绳绞我"。最后不得已，就用绳索紧系其颈，勒之而死，时年 31 岁。

我国有两个记者节。2000 年国务院正式批复同意，每年的 11 月 8 日为记者节，是为新记者节。1933 年到 1949 年，每年的 9 月 1 日也是记者节，是为旧记者节。第一个记者节和一个记者的名字紧紧相连，他叫刘煜生，于江苏镇江创办的《江声日报》，因敢于针砭时弊、揭露官场丑恶得罪了当地权贵而遭查封，主笔兼经理刘煜生于 1932 年 7 月 26 日银铛入狱。1933 年 1 月 21 日，年仅 32 岁的刘煜生被顾祝同下令枪决，罪名是"共产党报纸""蓄意煽起阶级斗争，鼓动红色恐怖"等。1934 年 8 月，杭州记者公会向全国新闻界发出通电，倡议定 9 月 1 日为记者节。1935 年，9·1 记者节得到了全国响应。

这是鲜血换来的记者节。

旧中国百年新闻史就是记者用鲜血写成的，让人感受最强烈的是因言获罪，偶语弃市的悲哀和快刀对秃笔的专横，以及子弹穿过记者身体时的冰凉。其间，1913 年最为血腥。袁世凯以武力奄有四海，新闻界遭遇了前所未有的蹂躏，这年，被杀害或迫害致死的报人至少有 13 人。

时至当下，记者仍然是高危职业之一。世界新闻学会在其发表的年度《世界新闻自由发展报告》中指出，2009 年全世界共有 110 名记者丧生。联合国教科文组织表示，2022 年全世界有 86 名记者及媒体工作者遇害，相当于平均每四天就有一名记者遇害，这一数据凸显了记者在工作过程中持续面临的高风险及脆弱处境。

"生命的危险"不仅在于身体，也在于职业生涯上。通过出卖媒体公信力去寻租和被收买，底线失落，寡廉鲜耻，这更是当下记者这个职业的真正危险所在。

夸父逐日，临死弃其杖，化为邓林，功荫后人。

功而强成，名而强立——人们大都是跳起脚摘桃子，传媒人亦如此。

68

赵翼定律

　　清朝学者赵翼长于史学，考据精严，所著《廿二史札记》与王鸣盛、钱大昕的著述合称"清代三大史学名著"。与袁枚、张问陶并称清代性灵派三大家。他的《论诗五首》非常出名，句句精彩。最有名的如"李杜诗篇万口传，至今已觉不新鲜。江山代有才人出，各领风骚数百年"，还有"满眼生机转化钧，天工人巧日争新。预支五百年新意，到了千年又觉陈"。他很多的经典诗句现在依旧口口相传。

　　赵翼很会考试，34岁参加殿试。乾隆看卷子时，发现第一卷是江苏人赵翼，第二卷是浙江人胡高望，第三卷是陕西人王杰。他问：自建朝以来陕西是否有状元？众大臣称："还没有。"于是乾隆就将第一卷和第三卷交换，赵翼因此痛失状元，成为探花。

赵翼是诗人、文学家。他写的《后园居》组诗，凡六首，其中第三首意味悠长：

有客忽叩门，来送润笔需。乞我作墓志，要我工为谀。言政必龚黄，言学必程朱。吾聊以为戏，如其意所需。补缀成一篇，居然君子徒。核诸其素行，十钧无一铢。其文倘传后，谁复知贤愚？或且引为据，竟入史册摹。乃知青史上，大半亦属诬。

此诗语言浅近，见解新颖。今人胡忆肖《赵翼诗选》说："完整地叙述了作者为人写墓志的过程，并由此悟出一个重大的事理：史书上记载的东西，不可尽信，可能像自己写的墓志一样，是粉饰之作。"

赵翼定律——

只要收了钱，很难有客观

"来送润笔需"是个让人非常头痛的问题，尤其在新闻界。

现在，"润笔需"名目繁多，花样不断。劳务费、车马费、误餐费、辛苦费、采编费、补助费、慰问费、约稿费，不一而足。直言之，都是穿着马甲的红包。

有人说，红包是潜规则，涉及媒体伦理、职业道德。在可不可以、应不应该的认知层面已经解决。但在愿意不愿意、是否做到的实践层面很模糊。因此，关于"润笔需"，不是理论问题，而是现实问题。

中宣部、国家新闻出版署和中国记协对此非常重视，多次发布有关加强新闻队伍职业道德建设、禁止"有偿新闻"的通知，要求新闻单位和新闻工作者不得接受被采访或者被报道者以任何名义给的礼金和有价证券，不得向被采访或被报道者索要钱物；各单位不得以任何名义向新闻单位和新闻工作者赠送礼金和有价证券。国务院办公厅等单位也发文要求，新闻发布会不得以任何名义向记者和新闻单位赠送礼金、有价证券。

各级各层面在落实上也非常重视。云南省纪监委就曾对涉嫌违反中央八项规定精神问题线索进行曝光。如，昆明市企业离休干部管理办公室给3名记者发红包，每人200元，共计

600 元；昆明市高级技工学校给 5 名记者发红包，每人 100 元，共计 500 元。

红包虽小腐蚀性大，核心是金钱操控媒体。演而化之，拿红包在不知不觉中，演变为一种恶，毒害新闻界。有的记者收封口费，有的则搞新闻敲诈。干宝在《搜神记》中说，"三苗将亡，五谷变种。此草妖也。"借而用之，此"新闻妖"也。

业界对收红包也很不认同，有人编顺口溜进行讽刺：一流记者拿红包，二流记者炒股票，三流记者拉广告，四流记者睡大觉，五流记者写文稿。

社会对红包现象也不宽容，编段子嘲讽："给记者的红包越来越少，给医生的红包越来越多。为什么？""因为要脸的人越来越少，要命的人越来越多。"

有的记者不想收红包，但是面子难却，不知道怎么处理。所有媒体单位都不准收红包，《大公报》处理红包的做法值得借鉴。

1938 年秋，《大公报》派记者陈纪滢前往新疆采访，当时盛世才与国民政府、苏联关系微妙而复杂，他需要《大公报》这样有影响力的媒体为他多多美言。采访结束后，盛世才的副官长给陈纪滢送来一笔钱，说是每个参会的人都有的旅费和出席费，这是"新疆边防督办公署"赠送的。陈纪滢拒绝了，过了一会，副官长又带着钱回来说，这是盛长官交代的，陈纪滢再次拒绝。上飞机时，副官长登机与他握别后，突然抛下一个纸包迅速走了。无奈之下，陈纪滢决定交给报馆去处理。5 天后，陈纪滢回家半小时，连饭也顾不上吃，就带上这个纸包匆匆赶去报馆，交给有关负责人。

　　第二天，张季鸾为陈纪滢接风洗尘，报馆决定，这两千块钱绝不能平白无故地接受，决定这样处理：每天给盛世才航空邮寄5份《大公报》，报费和航空费加在一起，一年正好两千。报馆给盛寄去收据，并以报馆的名义写信感谢。这样做既不违背人情，又不算接受"红包"。

69

陆游定律

唐婉与陆游是表兄妹，两人青梅竹马，20岁时结婚。婚后浓情蜜意，如胶似漆。

可是，唐婉不受陆游母亲待见。婚后第二年，陆母以唐婉婚后未育为由，强令陆游一纸休书，与唐婉离婚。其后，陆游另娶王氏为妻，唐婉由家人作主改嫁。

一天，陆游游沈园，巧遇唐婉。说不尽的伤心，道不尽的伤感，二人洒泪而别。陆游在沈园墙壁上题写了著名的《钗头凤·红酥手》。

第二年，唐琬再次来到沈园，看到陆游的题词，和了一阕《钗头凤·世情薄》。不久抑郁而终，年仅35岁。

君埋泉下，我寄人间。陆游悲痛欲绝，终生难以释怀。从此，他用一生的思念给唐婉写下凄美的诗篇，款款深情，让人落泪。

> 唤回四十三年梦，灯暗无人说断肠。（63 岁所作）
> 人间万事消磨尽，只有清香似旧时。（63 岁所作）
> 林亭感旧空回首，泉路凭谁说断肠。（67 岁所作）
> 伤心桥下春波绿，曾是惊鸿照影来。（75 岁所作）
> 此身行作稽山土，犹吊遗踪一泫然。（75 岁所作）
> 城南小陌又逢春，只见梅花不见人。（81 岁所作）
> 也信美人终作土，不堪幽梦太匆匆。（84 岁所作）

1210 年，85 岁的陆游撒手人寰。

陆游定律——

每篇作品都是你的初恋

人们常说，文无第一，武无第二。怎么理解？

武无第二其实蛮好理解的。切磋武艺要有身体的对抗。比武，前挨不上古人，后接触不到来者，只能和同时代的人竞技。同时代的人中，去掉三成老人三成小孩。剩下的三分之一中，去掉一半的女性，再去掉绝大部分非专业人士，真正武林中人，也就那么几千上万人。而同一比赛类别中，顶尖的，也就一两个。约架之后，打赢了第一，打输了第二。

至于文章，视域极其宽广。文章千古事，参照的坐标系跨越时空，古哲先贤，国际大师、国内巨匠，都是你的对手，单个的作者比拼的是人类的总智慧。因此，无人敢说文为第一。

传统媒体有三支点：内容、受众和经营。目前，后两点被破坏，形态愈走愈坏。只有无人敢说第一的内容才是我们需要全情深耕的地块。内容是传统媒体的镇宅之宝，内容为王。

举目而望传统媒体，故垒萧萧芦荻秋，内容在坍塌。数量比不上新媒体，质量比不上前辈大家。爆款不多，典型更少。就是最基础的篇章结构、标点符号都不够规范，导语几百字如一篇短文，标题有的几十上百字，如一个导语。注水肉没有了，注水的文章遍地都是。最可怕的是，作为把关人的编辑见怪不怪，作为终审的值班人无为不治。写稿不认真，编稿不走心。

举目而望，躺平一大片，以其无深情也。

对于写稿来说，水平是一回事，态度最重要。水平不是生而有之，只要勤学苦练，秋日一定胜春朝。对于新闻事业，对于内容的写作，既要有职业的修炼，更要有内心的喜爱。把每篇文字，每个作品都当作自己的初恋，投入真情实意，用心用情用力。

人生不会无咎，应该做到无悔。即使悔恨如陆游，也留名篇佳作在人间。

潘大临定律

70

北宋诗僧惠洪在《冷斋夜话》中，记述当时文坛一件轶事。

黄州人潘大临，工诗，多佳句，苏东坡、黄庭坚尤喜之，然甚贫。他的好友江西临川的谢无逸，写信来问近来有新作否？潘大临说：秋来景物，件件是佳句，但不幸的是总被世间俗事所打扰。昨日清卧，闻搅林风雨声，欣然而起，刚刚在墙壁上提笔写下"满城风雨近重阳"，突然，催租人至，遂败意。只此一句奉寄。

这就是文学史上著名的"一句诗"的来历。这次创作有始无终，留下无尽遗憾。历代多有人续写，但感觉都不如这一句妙。

潘大临定律——

记者当久了，失去了虚构能力

记者不写半句空，如果写了假的，纪律要追究，法律要追究，伦理要追究。

也就是说，单位、社会、行业三个方面军都不放过你。三个维度的格物致知，让记者养成了认死理的习惯：事实第一，新闻第二。内容第一，传播第二。有人说，现在是互联网传播，爆款第一。这种思维极端害人，它会使记者为了一个"爆款"，无所不用其极，包括触碰高压线、降低格调、突破底线等，这也是现在传播的乱象之源。

著名史学家范文澜老先生提出"二冷"："坐冷板凳，吃冷猪头肉。"南京大学教授韩儒林将其总结为一副对联："板凳要坐十年冷；文章不写半句空。""坐冷板凳"就是不慕虚荣，不求名利，甘于寂寞。"不写半句空"就是专心致志追求真理，为了新闻的真实，可以一生默默无闻。

新闻工作活的灵魂是实事求是。怎样做到实事求是？老一代的领导人陈云提出的"不唯上、不唯书、只唯实，交换、比较、反复"依旧具有现实意义。

"不唯上、不唯书、只唯实"是价值观。如果一切从领导的意图出发，而不是从实际出发，那就是唯上是从。如果一切从本本出发，而不是从实际出发，那就是教条主义。如果高高在上、盛气凌人，就听不到真实的意见，看不到实际的情况。"不唯上、不唯书、只唯实"，不是说不重视上面的指示和书本知识，而是强调要将上面的指示、书本知识与具体实际结合，创造性地开展工作。

"交换、比较、反复"是方法论。交换实际上就是"互相交换意见"，既知此又知彼，达到"知彼知己，百战不殆"，才能避免片面性。比较实际上"就是上下、左右进行比较"。所有正确的结论，都是经过比较得出的。只有通过比较，才能去伪存真。反复实际上就是"决定问题不要太匆忙，要留一个反复考虑的时间"。如果没有不同的意见，也要假设一个对立面。吸收正确的，驳倒错误的，使自己的意见更加完整。并且在实践过程中，还要继续修正。

记者工作，难在采访收集情况，不在写稿和呈现。就像干工作，难在弄清情况，不在决定政策。只要情况明，稿件一定行。如果我们写作的笔头弱一点，自然有强者帮助，更有编辑把关。如果没有情况，靠合理想象最后一定不合实际。因此，应该用90%的时间去采访，10%的时间来写作。这是记者工作的金科玉律，没有并列，没有之一。毛泽东指出："调查就像'十月怀胎'，解决问题就像'一朝分娩'。"获取事实的方法是采访，不采访清楚就不动笔。因此，如果记者转行写小说，创作诗歌，还真的不容易。

潘大临的这句残诗，广为后人续作，传写一直至今。谢无逸后来写了三首《补亡友潘大临诗》道："满城风雨近重阳，无奈黄花恼意香""满城风雨近重阳，不见修文地下郎。""满城风雨近重阳，安得斯人共一觞。"南宋方岳有一首《九日道中凄然忆潘邠老之句》道："满城风雨近重阳，城脚谁家菊自黄。"晚清虞景璜也以《风雨近重阳》为题续写了一首："满城风雨近重阳，泼眼秋光渐作凉。"确实，都不怎么样。

南宋韩淲有一首《风雨中诵潘邠老诗》："满城风雨近重阳，独上吴山看大江。老眼昏花忘远近，壮心轩豁任行藏。从来野色供吟兴，是处秋光合断肠。今古骚人乃如许，暮潮声卷入苍茫。"这篇续作，好像不错。

潘大临是平民，有诗名，看他的代表诗作《江间作四首》，内有"日月悬终古，乾坤别逝川"句，也不十分出众。而写黄州赤壁、鄂州西山句："西山连虎穴，赤壁隐龙宫"，则俗不可耐。由此可见，"满城风雨"句，如果写完，还真不一定传世。

苏轼和潘大临的关系真的很铁，他曾经专写一首词《蝶恋花·送潘大临》，其中一句让人印象深刻："三十年前，我是风流帅。"文人真能吹！

潘大临的传世残诗在文人眼里分量不轻。南宋赵蕃说："我谓此七字，以敌三千首。"您看，文人和记者的区别就在此，记者不写空，文人客里空。

71

赵括定律

　　战国时期，赵国大将赵奢的儿子赵括，从小熟读兵书，喜谈军事，别人往往说不过他，自以为天下无敌，因此很是骄傲。他曾经和父亲赵奢谈兵事，奢不能难，然不谓善。赵奢预言："假如赵王不让赵括带兵打仗就罢了，如果真的让他将兵出战，破赵军者必括也。"

　　公元前 259 年，秦军又来进犯，赵军在长平御敌。那时赵奢已经去世，廉颇负责指挥全军，他年纪虽高，打仗仍然很行，使得秦军无法取胜。秦国施用反间计，赵王就派赵括替代了老将军廉颇。

　　《史记·廉颇蔺相如列传》载：赵括既代廉颇，悉更约束，易置军吏。秦将白起闻之，纵奇兵，详败走，而绝其粮道，分断其军为二，士卒离心。四十余日，军饿，赵括出锐卒自搏战，秦军射杀赵括。括军败，数十万之众遂降秦，秦悉坑之。

明朝刘如孙根据这个历史故事，写了一首诗《湘南杂咏》，其中有一句"朝野犹夸纸上兵"。后来，人们便引申出"纸上谈兵"这个成语。

赵括定律——

会做的不会说，会说的不会做

纸上谈兵是常胜将军，真刀真枪则一败涂地，害了众人的性命，也赔上了自己。古往今来血的教训说明，嘴上功夫好，实际未必行，赵括不是孤例。

作为传播信息和观点的报纸电视，应该实用、好看（可观），具有愉悦心灵，激荡思想的功用。现在的媒体种类众多，洋洋大观，从整体上来说，人们离不开媒体。可是，变化也在悄然发生。潜意识里，人们对媒体有了功能的区分，行为上则有了明确的选择路径。娱乐看视频、权威找报纸、车上听广播、八卦看网络。在这个变化的世界中，最落寞的应该是传统媒体。

以报纸为例。深刻地检视报纸，发现这个传统时代的"老大"，思想里有偏见，行动上有偏差。靠着日渐消融的一点垄断资源，保持着往日的美妙感觉，依旧说着传统的话，做着传统的事，写着传统的新闻，保持着"纸老虎"的架势。

譬如证券记者，会炒股的不会写新闻，会写新闻的不会炒股。经济新闻也一样，懂经济的不会写新闻，写新闻的不懂经济。社会新闻同理，看透社会的不会写新闻，写新闻的看不懂社会。文化新闻亦如此，有文化的不会写新闻，写新闻的不说自己有文化。说和做严重分离的现象，可以推论到所有行业。

编辑和记者是媒体的基石，理论和实践的割裂，行为和认知的乖离，一如纸上谈兵。

其实，夸夸其谈这事，如果干得好，还是有出息的。谈股论金，如果干得好，就是股评家。不会经营企业，但能把需求和供给说明白，就是经济学家。新闻理论如果说得头头是道，有可能会成为总编辑。

千百年前就有纸上谈兵这事，似乎也流传到如今，赵括其实一直都没有绝种。在职场，干得好不如说得好，练胳膊练腿不如练嘴；在商场，好酒也怕巷子深，不好的酒叫得最勤；在战场，也有一个"三国版"的纸上谈兵：马谡用兵——言过其实。

说和做之间，喜欢言为士则行为世范的儒家一直提倡多做少说，"君子欲讷于言而敏于行"，何也？"放言易，故欲讷；力行难，故欲敏。"现代人耐不住寂寞，在众声喧嚣的当下，唯恐身磨灭而名不显，于是，发声的欲望尤其强烈。可是，"说到和做到"很难统一。说一件事情容易，做一件事情好难。

言行一致，方为君子之道。

72

子虚定律

　　汉赋大家司马相如在《子虚赋》里说了一件事：

　　楚国大使子虚先生出使齐国，通过盛推云梦泽来极力铺排楚国之广大丰饶。齐人乌有先生听了很不服气，软中带硬地说，齐国地域之广阔，就是吞并八九个云梦泽也不在话下。

　　子虚和乌有先生估计都是吹牛不打草稿的队伍，他们捕风捉影、不切实际、极尽夸张、天花乱坠，把小事往大了说，把没有的事说得跟真的似的。

　　成语"子虚乌有"即源于此。

子虚定律——

都知道是假的，还真的能传播

如今网络里假话很普遍，很多人吹牛都不带脸红，它已经弥漫和渗透到方方面面，人们极为反感，却又无力应对。

作为报道社会、映照现实的媒体，常在互联网的河边走，岂能独善其身？反映在主流媒体，特别是在主流媒体的新媒体中，就是早已为人们厌烦与诟病的"假大空"新闻。

"假大空"新闻的特点是"假话、空话、大话、套话"成堆。上级来视察，说了几句鼓励的话，见报就是"工作得到了领导的充分肯定"；一个工程完工，就说获得了"高度赞扬"；有个单位工作还行，就说获得了"一致好评"。这种话语体系浸淫久了，渐渐弥漫成为一种新闻话语体系，成为流行的新闻辞令。

追根溯源，源头在官场。

"官话"因其为官场所广泛使用故名。后来官话的含义发生了变化，成为"官腔"，即官场中冠冕堂皇的门面话，或当官的找借口，冠冕堂皇地敷衍或责备的空话套话。中央党校政法教研部教授肖立辉说，在这里，"官话"指那些观点正确，但无实质性内容的空话、套话、大话、假话、废话。虚而不实即为空，空而有序即为套，大话、空话、套话即使正确也是废话。实质上也是一种假话，只不过"假"的层次"高级"一些罢了。

扪心自问，"假大空"，我们也有责。长此以往，新闻的名声就不好听了，"假大空"的新闻是写给新闻的悼词。

新闻不是文学作品，不能有假。而文学作品中，假话比真话还真，在夸张中体现了真实。"飞流直下三千尺，疑是银河落九天""白发三千丈""燕山雪花大如席""危楼高百尺，手可摘星辰"。李白应该是中国文人里第一牛皮大王，他的诗句汪洋恣肆，极尽夸张，故意把客观事物说得"大、多、高、强、深"，蜀道难，难于上青天。文学的假话，讲得漂亮。新闻的"假大空"，假得恶心，还贻害无穷，以至读者把真话当假话看。

司马相如当然是一个以假乱真的高手，其《子虚赋》和《上林赋》充分体现了汉大赋铺张夸饰的特点，规模宏大，叙述细腻。但终因年代久远，词语变得佶屈聱牙，今人读后很难再产生汉武大帝阅读时的共鸣，只会留下子虚乌有的印象。

现在有的人，没有相如的才情；而传播的主人翁，也没有子虚和乌有先生会吹。古今相较，"穷斯滥矣"。看来，吹牛造假，也不是胡来就可以的。千金纵买相如赋，脉脉此情谁诉？

忽然想起了已故相声大师马季先生《吹牛》里的台词：

甲：我高。

乙：我头顶蓝天，脚踩大地不能再高啦！

甲：我……我上嘴唇挨着天，下嘴唇挨着地！

乙：啊？上嘴唇挨着天，下嘴唇挨着地？

甲：啊！

乙：那你的脸哪儿去啦？

甲：我们吹牛的人就不要脸啦。

小范围吹吹牛不要脸也就罢了，吹完了还要传播出去，那才是真的不要脸。岂止不要脸，毛泽东说，那是"流毒全党，妨害革命；传播出去，祸国殃民。"

73

诊所定律

某诊所广告：

夏天来了，汗多是病；

夏天来了，汗少是病；

夏天来了，没汗更是病！

诊所定律——

事实是块面团，可以捏成需要的形状

观点加事例，本是写公文的招数，现在却成了写新闻的套路。用事实来说明观点，事实就等而下之，成了观点的奴隶，任人随意揉搓，没病都会弄出病来。

话说美国有个人写了本书，卖不出去，便给总统寄去了。总统客气，回了个便条说，此书写得不错。作者和出版商便做出了广告：

"这是一本受总统称赞的书！"于是，抢购一空。

第二本书出来后，又寄给总统，总统一直没回信。作者和出版商便在广告中说：

"这是一本令总统不置可否的书"。于是，抢购一空。

第三本书出来后，还是寄给总统。总统生气了，说"这本书糟糕透顶！"作者和出版商在广告中说：

"这是一本受到总统批评的书！"于是，抢购一空。

三本书三个广告，都想方设法与总统扯上关系，总统喜欢也罢，讨厌也罢，都能为我所用，以售其书。

对同一件事，不同的媒体有不同的看法。正如对同一个人，有的爱之欲生，有的恨之欲死。对同一件物品，有人珍爱如珠玉，有人弃之如敝屣。经常是观点完全相左，却都很有道理。譬如对于女子，高的叫亭亭玉立，矮的叫小巧玲珑。还有，男子汉大丈夫，宁折不屈；男子汉大丈夫，能伸能屈。浪子回头金不换；狗改不了本性要吃屎。一口唾沫一个钉，男人说话是黄金；人嘴两张皮，咋说咋有理。

这种现象在国际外交新闻中用得较多。两国交恶，针锋相对，事实的面团在各自利益的驱使下，被揉搓成了皮球，互相踢来踢去。在国内公共危机事件处理中，也用得不少。但是，总体来看，水平还有待提高，个别官员的牛腔"官语"，与大众价值观形同陌路，有悖于党的基本原则，给党和政府丢了很多的脸。因此，有人说，脸是有限的，哪经得起这种丢法？真正的说话艺术不仅是在合适的场合说出适宜的话，也包括被媒体逼急了戳痛了时不说出雷人的话。后一点更难把握。

其实，不止有的官员为官不专业爆出"最牛官腔"，有的记者也离专业很远，将事实当面团揉，揉来揉去揉出了假新闻。

美军也是把事实当面团来揉的高手。美军的一则招兵广告说：

来当兵吧！不要忧虑，军人只有1/4的概率赶上战争。如果你赶不上战争，那你有什么好忧虑的呢？即使你参了军，仍有一半的概率不是战斗人员，如果不是战斗人员，那你又有什么可忧虑的呢？即使你是战斗人员又赶上了战争，那你上战场的概率也只有一半，如果你不上战场，那你有什么好忧虑的呢？即使你上了战场，也只有1/4的受伤概率，如果你不受伤，那你有什么可忧虑的呢？即使你受了伤，也只有1/4的死亡概率，如果你能治好，那你有什么可忧虑的呢？如果你死在了战场上，那你就什么都不用忧虑了。

这可能是美国版的诊所广告，反正都能揉。能揉的高手还有股评家，涨有理由，跌有道理。价格听证会的专家也会这一手，有些理论家也如此。

因此，真的不要迷恋任何人，有的人也只是个传说。

74

明天定律

在日历上，整整一年的时光全部被命名成了数字，成为一个个空间，很像提前设置好的座席，等着我们义无反顾地跳进去。明天总是如期守候在今天的门外，走出了今天便掉进了明天。明天是未知的，有希望有失望，也可能什么都没有。生命的意义就是拥有明天，没有明天，生命就走到了尽头。明天是你此生必经的路口。

可是，谁知道明天和意外哪个先来？

明天定律——

设置一个议题就是挖出一个坑

　　人的一生只有三天：昨天，今天和明天。一张报纸却只有一天的生命。在互联网时代，连一天的生命都没有，报纸上大多数的新闻在来不及到达读者手中的时候，就已经凋零成为凄惨的黄花。

　　这就苦了以采集新闻为天职的记者，他们挖空心思以得到独家新闻。于是，乱象由此丛生。

　　相传，罗马主教首次访问纽约，一下飞机，有一位记者抢先发问："主教大人，你对纽约的夜总会有何评价？"

　　来美国之前，已有人提醒过主教千万别在记者面前乱说话，以免被抓住把柄。面对这意想不到的发问，主教想幽默一下，巧妙回避地说："纽约有夜总会吗？"

　　第二天，纽约各大报刊头版头条：罗马主教访问美国，开口就问"纽约有夜总会吗？"

　　看到报纸，主教非常生气。这天，那位讨厌的记者又来采访主教："听说你和麦当娜感情非同一般，是这样吗？"主教敢怒不敢言，干脆不理他。

　　第三天，纽约各大报刊头版头条：问及明星绯闻，主教无言以对。

　　当天，这位记者继续刁难主教："你对近日关于您的绯闻报道有何评论？"主教忍无可忍，拍案而起：你无事生非，你混账！

第四天，纽约各大报刊头版头条：主教一怒为红颜。

看到报纸，主教终于按捺不住，一纸诉状将记者告上法院。

第五天，纽约各大报刊头版头条：法院受理主教绯闻案。

主教看到报纸非常不爽，坚持要法院马上开庭审理。

第六天，纽约各大报刊头版头条：主教绯闻案开庭。

一件非常普通，甚至不存在的事情，被媒体炒作得沸沸扬扬，赚足了眼球。

主教是无辜的，应该说，记者也是无辜的。罪魁祸首是谁？收视率。收视率不是万能的，没有收视率却是万万不能。片面追求收视率、报纸杂志的发行量和产品的点击率，使得媒体集体性紧张。对此，媒体大亨默多克看得很透。他说，报纸如果衰落了，给它吃猛药。提高报纸发行量很简单，那就是降低格调。媒体在给别人挖坑的时候，自己也跑不掉，往往都是和别人一起掉进了陷阱。

如果说主教的事件只是一个笑话，那么，类似主教的遭遇也有个中国版。

有媒体报道，湖北某市领导在全市宣传思想工作会议上提出，"洗脚也是种文化"，鼓励市民消费，发展第三产业。此话一出，立即在与会者中引起争议。这篇新闻的标题是"某市领导提倡发展洗脚业引发争议"。

其实，这位领导所说的不过是两点，一是"洗脚也是种文化"，二是"市民出去坐下人力三轮车，吃些烤羊肉串、去洗脚房洗脚健身，内需就自然拉动了。"新闻中这位领导的提倡，意味着是一种产业策略的考虑，是很严肃的事情，如果人家仅仅举了一个例子，就认定是"提倡某某产业"，不仅逻辑上说不通，也会让百姓产生不严肃的误解。按照记者的逻辑，也可以认定该市某领导"提倡发展人力三轮车"或是"提倡发展烧烤业"，实际上，该市这位领导还说了一句话"市民晚上9点睡觉太早了"，按这种新闻操作手法，是不是可以说"领导提倡晚睡拉动内需"？因此，有人质疑，究竟是媒体提倡洗脚业还是谁提倡？

正如主持正义媒体能赢得喝彩一样，泼人脏水自己也干净不到哪里去。

75

李廷彦定律

宋人邢居实在他的《拊掌录》里记载了一个"对偶亲切"的故事。

有个叫李廷彦的基层干部写了一首百韵诗自述其志，呈献给他的上级领导"请教"。中有一联云："舍弟江南殁，家兄塞北亡。"上司看了之后暗自心惊，深表同情，感叹道："君家凶祸，一至于此！"李廷彦忙不迭地回答："实无此事，但图属对亲切耳。"

上司听了，即刻晕倒。

李廷彦定律——

影子都没有的事，说得和真的一样

所有的假新闻都不可原谅，其中最不可原谅的是彻头彻尾的造假。譬如成为历史的"纸馅包子"。

2007 年 7 月 8 日，北京电视台生活频道"透明度"栏目播出了题为《纸做的包子》的新闻。报道中说，该栏目通过暗访，发现北京的早点铺有用废纸箱和肥猪肉做馅的小笼包。报道一经刊出，举世皆惊。但 10 天之后，形势急转直下，北京官方公开辟谣称"废纸箱做包子"为假新闻，是电视台临聘记者訾北佳干的"好事"，北京电视台为此向社会道歉，当事人已被刑事拘留。"纸馅包子"至此露馅。

之前，民众以为报道是真的，包子是假的；之后，官方宣布报道是假的，包子是真的。到底谁真谁假，民众糊涂了。人人都吃过包子，也都知道孙二娘的人肉包子，但那毕竟是小说家言。于今出了个"纸馅包子"，端的是亘古未有。估计从此之后，人们看见包子都会从人肉到纸箱全都怀疑个遍。

造假都有目的。李廷彦看样子是个喜欢阿谀逢迎的角色，他的目的无非是想通过"对偶亲切"，让领导看到他的才能，以求赏识和提拔。记者的目的则是挣稿分，或者出名，当然也不排除是被工作量给逼的。造假的也不只是古代的李廷彦和现代的记者。商场的货品有假，官场的履历有假，学校的文凭有假，美女的身上有假，就是男人和女人也有假，如此打扮，安能辨我是雌雄？

造假者都有过人的才能。才能是器，无正邪之分，关键看怎么用。就像投枪和匕首，勇士以其保家卫国，土匪用它杀人越货。用错了地方，不遭遇天谴，亦遭冥诛。

康德说："有两样东西，人们越是经常持久地对之凝神思索，它们就越是使内心充满常新而日增的惊奇和敬畏——我头上的星空和我心中的道德律。"

还是说回李廷彦，他的丑事在宋代范正敏《遁斋闲览》和清代小石道人《嘻谈录》里都有记载。只是到了《嘻谈录》里就演绎出了新的变化。在李廷彦老实地回答完实无此事之后，一客戏谑曰："何不言'爱妾眠僧舍，娇妻宿道房'，犹得保全兄弟？"

假新闻虽然罪该万死，换个角度观察，"纸馅包子"的虚晃一枪，难道就没有点中人们对食品安全担忧的敏感神经？

76

张敞定律

　　西汉名臣张敞处事快捷，赏罚分明，碰到恶人决不姑息，但也经常对犯小错者放过不治。

　　做京兆尹时，朝廷商议大事，他引经据典，处理适宜，大臣们都非常佩服，天子也经常采纳他的意见。然敞无威仪。又为妇画眉，长安中传张京兆眉妩。有司以奏敞。上问之，对曰："臣闻闺房之内，夫妇之私，有过于画眉者。"

　　上爱其能，弗备责也。然终不得大位。

张敞定律——

热衷名人隐私，新闻只剩绯闻

　　从前，也就是西汉时候，一个堂堂京城的一把手，下班回家调铅傅粉，给老婆画眉毛，这不是既没事干，又是典型的低级趣味吗？传出去影响多不好。果不其然，管风纪的同志向汉宣帝汇报了这件事。惊动了皇帝亲自过问，还好他回答在理，加之张市长在外面没有什么作风问题，也就过了关。但是，后遗症应该还是有的，要不然，以张敞之能，何以"终不得大位"？

　　"张敞画眉"是典型的名人隐私新闻。主角是京兆尹大人，事件是给老婆大人画眉。是男人而有女儿态，是公众人物却有别样私情。新闻要素俱全，想不吸引眼球都难。看来，泛滥的隐私、绯闻、色情、暴力等低俗之风其来有自。当然，张敞肯定不是被揭隐私的第一人，也不能将这份"功劳"加诸媒体身上，因为，那时候连报纸的祖宗——邸报都还没有问世，只是从此一端就可以看出猎奇的心理古今皆然。

　　互联网上的低俗之风之所以在今天被饱受诟病，一是数量多，于斯为盛；二是影响了世道人心，于今为烈。翻开报纸，打开电视，进入网络，很多都是不敢看不敢听的新闻。也有不少自媒体的主打品种就是这三个字：腥（灾难和凶杀）、星（娱乐明星和名人逸闻）、性（男女之私）。一些媒体也在不断挑战底线来吸引日益稀缺的注意力。

媒体压力巨大，电视讲收视率，网络要点击率，报纸要发行量，靠什么赢得注意力？

要说低俗，西方媒体的低俗历史更悠久也更出位。英国的太阳报每天在三版刊登一张大幅的裸体美女照，占了半个竖版，这个青春靓丽的姑娘通常只是普通市民，有强烈的露脸欲，全身只穿小得不能再小、窄得不能再窄的三角裤，这就是著名的"三版女郎"。太阳报等报纸最感兴趣的还有皇室丑闻、血腥案件等，它践行的娱乐化、庸俗化路子，引来发行量节节上升，曾以400多万的数字压倒所有老牌严肃报纸，广告赢利滚滚来。这真应了它的老板默多克之言："你想增加报纸发行量吗？那就降低格调。"

当然，我们的一些媒体也吃进了老鼠吐出了苍蝇，"明星取代了模范，美女挤走了学者，绯闻代替了新闻，娱乐覆盖了文化，低俗代替了端庄"，以争夺眼球为主要目标，娱乐化特点明显。对于感官刺激的向往，早已代替了内心升华的追求。对于利润的追逐，窒息了新闻理想的坚守。

美国大报《纽约时报》在一百多年前的办报方针"报道一切适合报道的新闻……不污染早餐的餐巾"。对于读者的贴近和对读者审美趣味无原则的靠近是完全不同的两个概念。在这点上，我们要学习要自省的地方还很多。看到肆虐的低俗风潮，忧伤是没有用的。生活不是林黛玉，不会因为忧伤而风情万种。

移风易俗，关键还靠媒体的把关人。媒体乃天下公器，非慷慨磊落之人不可为。否则，不是浩然之气压倒低俗之风，就是低俗之风压倒浩然之气。对吧？

77

解差定律

　　明代东林党的首领之一、散曲作家赵南星在他的笑话集《笑赞》中，讲了一个很有哲思意味的笑话：

　　一和尚犯罪，一人解之，夜宿旅店。和尚买来好酒好菜，将解差劝得烂醉如泥，乃削其发而逃。解差酒醒后，绕屋遍寻和尚不得，摩其头则无发矣，乃大叫曰：

　　"和尚倒在，我却何处去了？"

解差定律——

稿子写得好就被提拔，一旦提拔写稿就丢了

　　新闻单位一直都以业务论英雄，这是它的公平之处；新闻单位职务设置一直都没有去行政化，这是它的不得已之处。

　　一位记者因为业务出色，就被提拔了。提拔了之后纸笔"入库"，马放"南山"，不再写稿。天长日久，业务荒废。这种用提拔肯定工作、用职位奖励成绩的做法，目前仍是媒体人力资源管理中一种通行做法。

　　事实早已证明，能写新闻，不一定能管好一个新闻单位。这种做法的后果是，新闻界可能多了一个庸官，却少了一位优秀记者。

　　在新闻界，人才有两条进路，一是职务，一为职称。理论上，职务和职称的双轨制给人才的成长铺开了宽广的跑道。和党政部门相比，供职其间的人多了一条职称的出路。

　　但是，这是失衡的双轨制。与职务的高含金量相比，职称的成色就差得多。中级职称不如科级，副高职称不如处级，高级职称不如局级。岂止不如，差别简直判若云泥。

　　社会的眼光也让人芒刺在背。中国历来官本位思想浓郁，一切人生的价值都要换算成官位的大小才能得到体现。在新闻单位，没有混个一官半职，出门见人矮三分，回家大气不敢出，自己感觉最缺钙。

官本位的价值观导致新闻人行为失范。报人成了官人，报社成了机关，两眼盯着官位，一心一意谋提拔。当了官不想做事，只想待遇，再想的就是保住官位。一旦丢了官，所有待遇都归零。如此红尘滚滚，传媒场成了官场。

对此，人们说，应把乌纱帽看得轻一些，把名利看得淡一些。呵呵，这样的谆谆教诲，只有当了领导才有资格说。

报社、电台、电视台是业务单位，刚刚踏入此门中，人们大都有业务立身的想法。浸淫日久，理想慢慢遗失，角色认同开始转向。结果如人所言：上了幼儿园丢了天真，上了小学丢了童年，上了初中丢了快乐，上了大学丢了追求，一旦毕业丢了专业，找到工作丢了理想，当了官丢了自己。

人生就是一次长途押解，弄不好就丢了自己。

赵南星在这个《和尚》的笑话后面评论中说：世间人大率悠悠忽忽，忘却自己是谁，这个解差就是一个。

岂止解差。

78

睡美人定律

　　从前，有个国王和王后好不容易生下一个漂亮女儿，决定举行一个大型庆祝宴会。他们邀请了很多人，还邀请了几乎所有的女巫。他的王国里一共有十三位女巫，而他只有十二个金盘子来招待，所以他只邀请了十二位女巫。

　　盛大的宴会结束，女巫们开始祝福。当第十一个女巫祝福后，第十三个女巫，也就是那个没有被邀请的女巫来了，她要进行报复："国王的女儿在十五岁时会被一个纺锤弄伤，最后死去。"所有的人都大惊失色。第十二个女巫走上前来说："这个凶险的咒语的确会应验，但公主不会死，只是昏睡过去，而且一睡就是一百年。"

　　公主十五岁那天，她来到一个古老的宫楼，一个老太婆坐在里面纺纱。公主上前拿起纺锤，立即倒地失去知觉。时间过去一百年，一个王子来到古老的宫楼。公主睡得正香，她是那么美丽动人，王子禁不住俯下身吻了她。就这一吻，公主一下子苏醒过来，她张开双眼，微笑着充满深情地注视着他。王宫里所有的人都醒过来了，一切都恢复了往日的模样。

　　不久，王子和公主举行了盛大的婚礼，他们幸福地生活在一起，白头到老。

睡美人定律——

激情在酣睡，等待激活的一吻

街头人来人往，单位人进人出，举目四望，祖国处处不夜城。现代社会上足了发条，见到的都是忙忙碌碌的背影，看起来人人都有自己的方向。

记者尊崇新闻在现场，信奉眼见为实。我们看到的这个社会图景，如果用心去看，还能看出一些不同。

如今，人们经常挂在嘴边的一个词是"累"。好累，身累，心累。记者写完稿，连话都不想说；编辑做完版，只想仰望星空。年纪轻轻就想退休，对什么都提不起兴趣，说到工作很头痛，在世人眼中勤奋的编辑和记者竟然成了"倦鸟"，总是想着"归隐林下"，对自己的职业认同感普遍不高。

这种状况有一个专有名词：职业倦怠或者心理枯竭。它是一种病。病因是人在长时期高强度工作压力下产生的情感、态度和行为的衰竭状态。得了这种病的人，激情消失，成就感降低，在工作中不求上进，被动应付，得过且过。

有调查表明，以职业分类，在我国倦怠症高发的十大人群中，记者"荣耀"入榜。从比例来看，大约有70%的记者在工作中容易倦怠。新闻工作者的职业倦怠不独中国有，美国也一样。"'他们把你招来，使用得精疲力竭，然后让你走。'这是美联社记者的一支哀歌。"杰克·海敦在《怎样当好新闻记者》一书中说，"那里的工作是累得死人的。"

问题来了。在我国，新闻媒体是党和人民的耳目与喉舌，在西方，新闻记者是国家这艘航船上的瞭望者。不论是耳目喉舌还是瞭望者，如果由一群有病的人来担当此职，危险又惊心。

职业倦怠不但危害个体的身心健康，还会造成职业道德的缺失、工作效率的低下和工作质量的不高，严重的会破坏家庭和社会稳定。这种状况远没有得到新闻单位的重视。编辑和记者职业倦怠的原因主要来自无法消减的压力、晋升遭遇天花板、组织不够公正、对自己的直接上级不满意、既要对得起自己良心又要顾及自己荷包的无力感等。

克服职业倦怠，要靠自己的努力。牧师对一位总是来听他祈祷的信徒说，"你什么时候才能不再依靠上帝而是靠你自己的双脚来站稳呢？"信徒听了大吃一惊："您不是教导我们要把上帝当作父亲？""你什么时候才会懂得，父亲不是你可以依靠的人，而是让你摆脱依靠倾向的人。"这说明，内因最重要。要唤醒沉睡的激情还要靠单位的重视，单位真正把人当人了，编辑和记者才不会把自己当"民工"。因此，单位的领导很重要。假如领导的心理也枯竭了，那就要靠领导的上级。如果上级的上级也如此，那就要靠天下苍生来唤醒。

这个世界，有睡美人，就一定不能缺王子。

79

安泰定律

安泰是希腊神话中大地女神盖亚和海神波塞冬的儿子，力大无比，狮子是他最喜欢吃的食物。所有经过他地盘的人，都要与其决斗，所有与他决斗的人都被他杀死。

安泰这么做的目的，是多多收集死者的头骨，为他父亲波塞冬建一座神庙。当希腊神话中另一位伟大的英雄赫拉克勒斯与他相遇时，大家都为对方的神力所震惊。尽管赫拉克勒斯不断地将安泰放倒在地，但每次大地女神盖亚都会使安泰迅速恢复力量。

打倒三次后，赫拉克勒斯发现了安泰力量之源的秘密。他把安泰举起来，让安泰双脚离地，双臂紧紧抱住安泰的腰。离开大地的安泰窒息到挣扎，张嘴狂叫，全身肌肉近乎痉挛。赫拉克勒斯体内力量喷薄而出，紧紧地勒住安泰，不让他接触大地母亲，最后将安泰扼死在半空。

安泰定律——

先把你捧得高高的，然后杀死你

古希腊神话"安泰之死"尽人皆知，它喻示人们，任何的强大，只要离开了支持，都会变得不堪一击。

斯大林曾用这个故事比喻党群关系："布尔什维克也同安泰一样，其所以强大，就是因为他们同自己的母亲，即同那生育、抚养和教导他们成人的群众保持联系。"

斯大林讲完此话的 54 年后，苏共亡党，苏联亡国。

安泰是悲剧英雄，苏共也是，苏共没有逃离"安泰陷阱"。

我们常说"不抛弃，不放弃"。苏共的悲剧看点有三：安泰主动悬浮在空中，放弃大地母亲；安泰变得不值得拥有，被大地母亲抛弃；安泰被暖风薰醉，稀里糊涂就被人举到空中，离开大地母亲。

安泰，一个悲剧英雄，他的悲剧，在于无知、无奈、无法。他的无力，源自有意、无意、恶意。

有一个词叫"捧杀"。就是将一个人的优点无限扩大，或者将一个单位的优势无限拔高，用鲜花和掌声将其缺点或者不足进行围挡，宣传的典型就成为"高大全"，人们感觉到十分完美。相对应，被宣传的典型也会逐渐丧失自己的判断力，也就是人们常说的，有点"飘"。久了，变成"远香近臭"，失去初心，走向反面。

　　商场如战场，捧杀在商业上比较常见。竞争对手表面奉承，暗地里捅刀子。在职场，捧杀是毁掉一个人最经济的手段。还是老子厉害，他在《道德经》里说："将欲歙之，必固张之；将欲弱之，必固强之；将欲废之，必固举之；将欲取之，必固予之。"这一通的铺排，意思就是一个：让你的获得，超过你的应得。你一旦离开你的基准线，事态就会朝着反方向发展。

　　古希腊离开得越来越远，我们的眼界也更加清亮。不站在安泰一边，也不站在赫拉克勒斯一边，站在常理一边，你就会看到，江河有源，大树有根。人民是母亲，是大地，是根脉。有根在，才盖世从容。有大地，才安泰。

　　然而，神都有致命的弱点，何况人？

　　呜呼！安泰不暇自哀，而后人哀之；后人哀之而不鉴之，亦使后人而复哀后人也。

80

马驴定律

　　唐朝贞观年间，长安城西郊的一个庄户人家里，有一匹马和一头驴，它们自小是好朋友。马在外面拉货，驴在家中拉磨。后来，马被农夫卖到了京城。

　　贞观三年，这匹马被玄奘大师选中，前往西天取经。17年后，马驮着佛经跟随唐僧返回长安，它来到磨坊看望驴友。

　　马讲述了这次取经路上的经历：翻越无数的山川，穿过浩瀚的沙漠，见证过沧海桑田的变幻，经历过火焰山的热浪滔天，还有数不尽的邪魔外道，变化多端的白骨精，佛法无边的如来佛祖……驴惊叹道："你的见闻真广呀！那么遥远的道路，我连想都不敢想。"马说："其实，我们行走的路程差不多。当我向西域前进的时候，你一步

也没停歇。不同的是，我在玄奘大师的带领下走向一个
远大的目标，而你却被主人蒙住了眼睛，整天围着磨盘
打转。"

马驴定律——

当驴或者做马，不是自己说了算

别听那匹马瞎吹什么"远大的目标"，成为取经的千里马或者做了拉磨的闷头驴，都离不开他人的赏识和栽培。

譬如新闻人的角色定位，做记者或是搞编辑，当校对或者做经营，谁也不是一生下来就会。特别是新入职的年轻人，本身就是一张白纸，让你干啥或不干啥，都是领导给分配的。第一份工作就像你的初恋，在职业生涯中会留下终身的印记，怎么都抹不掉。

新闻这个行当，呈现在受众眼中的，不外乎是文字、图片、声音和影像。可内部的分工却细致而精微，大体而言是记者和编辑，具体来说编采链条上连缀着包括热线的接线员、组版员、校对、美编、责编、审读、第一读者、印刷工、发行员等众多的岗位。新闻单位人头攒动，每个人都有自己的位置，每个人都不可或缺。以传统的眼光来看，这是个斯文职业；以现代产业的目光打量，它是个知识密集、技术密集、资金密集的智慧产业。

托身于此，最好每个岗位都经历一下。如此多的岗位都做一遍，要耗费大半生的光阴。一般就是经过两三次的转岗，最后沉淀在一个位置上，"骈死于槽枥之间"，为着"一捧草料"而终日转着圈子。

圈子转久了，曾经的梦想就会被消磨殆尽。一个人，走下坡路还是青云直上，受方向决定，也受梦想指引——路向选择很重要。这些都是台面上的话，如果没有人慧眼识珠，别说上坡，恐怕连饭碗都成问题。

唐朝的那匹马，如果没有遇到唐僧这个好领导，还风光什么？磨坊里的那头驴，就是因为农夫这个领导，才沦落至此。对于那头驴来说，待遇不好还不能发牢骚，如果惹得领导不高兴，卸磨杀驴，驴皮还能熬成阿胶卖个好价钱。

其实，论资质和禀赋，大家都差不多。为何有的人成为人中的吕布、马中的赤兔？有的人成为倒霉蛋、转磨驴？其中的关节之一，人人明白人人不说，如果要说，大家全都找一个托词——命！

世事往往如此，有些事后悔没做，有些事做了后悔。我们都老得太快，却聪明得太迟。

图书在版编目（ＣＩＰ）数据

趣味传播定律 / 丁时照著 . -- 北京 : 高等教育出版社, 2024.8　--ISBN 978-7-04-062680-3

Ⅰ. G210

中国国家版本馆 CIP 数据核字第 2024XW7263 号

趣味
传播
定律　■　QUWEI CHUANBO DINGLÜ

策划编辑	邓　玥	责任编辑	石　磊
封面设计	赵　阳	版式设计	李彩丽
责任校对	刘丽娴	责任印制	刁　毅

出版发行	高等教育出版社
社　址	北京市西城区德外大街 4 号
邮政编码	100120
购书热线	010-58581118
咨询电话	400-810-0598
网　址	http://www.hep.edu.cn
	http://www.hep.com.cn
网上订购	http://www.hepmall.com.cn
	http://www.hepmall.com
	http://www.hepmall.cn
印　刷	鸿博汇达(天津)包装印刷科技有限公司
开　本	880mm × 1230mm 1/32
印　张	10.5
字　数	220 千字
插　页	4
版　次	2024 年 8 月第 1 版
印　次	2024 年 8 月第 1 次印刷
定　价	68.00 元